北東アジア研究選書

チェルノブイリ 30 年と
フクシマ 5 年は比べられるか

福澤 啓臣 著

桜美林大学北東アジア総合研究所

はじめに

　2011年3月11日の東日本大震災と福島第一原発事故は筆者の人生のターニングポイントになった。それまで40年間以上ドイツに住み、ドイツの大学で日本について30年間教鞭をとっていた。定年退職を迎えた後、晩年をどう過ごすかと思案していたときに、大震災は起きた。それまで日本へは地理的な距離だけでなく、心的にも距離をおいて接してきたが、大震災の映像をドイツで目にするうちに、遠くにおいてあった日本が一挙に迫ってきた。デラシネ的な存在であった筆者にも、大震災は故郷の危機とも感じられた。すぐにでもボランティアとして東北に飛んでいきたかったが、福島第一原発の事故の行方がわからず、ぐずぐずしていた。この間コントロールがきかなくなり、崩壊熱を出し続ける原子炉の冷却に成功するのかどうか、毎日テレビやインターネットからの情報に一憂も二憂もしていた。同時にチェルノブイリ原発事故によって放射能の恐ろしさを経験したドイツ人と広島・長崎・第五福竜丸の経験にもかかわらず、原発安全神話にどっぷり浸っていた日本人の間に放射能に対する感覚が大きく違うのに直面させられていた。3月、4月には日本に留学していた教え子たちや子どものいるドイツ人家族は命からがらドイツへ帰ってきた。ドイツ大使館や在日ドイツ企業も関西に仮引っ越しをした。それらを見て、首都圏に住む友人や家族関係者に避難した方がいいと連絡したが、反応は鈍かった。中にはこのような状況で日本を去るのは、愛国者ではない、まさに裏切りではないかという反応もあった。とにかく夏には爆発で壊れた福島第一の原子炉はある程度冷却されるようになった。

　筆者は待機を強いられた数ヶ月の間に同じような思いを抱くドイ

ツ人と一緒に「絆・ベルリン」というドイツのNPOを創立することができた。そして同年秋には大学での教え子を含む15人と岩手県に行き、ボランティア活動をおこなった。その時は福島にもボランティアで行くべきか迷ったが、若い女子学生も参加していたので断念した。もちろん放射能のせいである。その後東北のボランティア活動はドイツからグループで5回参加した。毎回終了後に何人かの生殖活動が盛んでなくなった仲間（日本の友人も）と一緒に車で福島県に行き、浪江町の「希望の牧場」（参照：V.4.）を訪問したりした。そして、毎時数マイクロ・シーベルトもの強い放射能の環境の中で数百頭の牛の面倒を見ながら反原子力の闘いを続けている牧場主の吉澤さんの勇気に深い尊敬の念を抱いた。吉澤さんから自分の身体には数千ベクレルのセシウムが蓄積されているだろうと言われても、それがどれほど健康に影響を及ぼす強さなのか、よく理解できなかった。

　当時の筆者の放射能に関する知識は一般常識に毛が生えた程度だったにすぎない。チェルノブイリの被害についての知識も同じようなレベルのものだった。そのような時2013年に日本で翻訳出版されたばかりの『チェルノブイリ被害の全貌』（ヤブロコフほか）を読んだ。そして被害の規模と深刻さに大変なショックを受けた。同書にはチェルノブイリ原発事故による犠牲者の数は「全世界ではほぼ100万人に達していたことになる（同上：283）」と書かれている。ウクライナとベラルーシとロシアに限定すると、「事故後における死者数は、大惨事後の15年間で23万7,000人に達した（同上：283）」と述べられている。京都大学の今中哲二氏のグループは事故翌年の1987年の段階で、「チェルノブイリ放射能汚染によるがん死の数は13万〜42万件と評価している（今中：94）」。10万人、20万人という死者の数は膨大な数であり、大災害である。さらに死者

の数だけではなく、様々な疾患を抱えて苦しんでいる人々が数十万人、あるいは百万人にもなるという。チェルノブイリ・ネックレス[(1)]、チェルノブイリ・エイズ[(2)]、チェルノブイリ・ハート[(3)]などの悲惨な健康被害についても報道されている。知れば知るほど恐ろしくなる。

　ところが、原子力の平和的利用を推進する IAEA（国際原子力機関）は、2005 年にウィーンで開かれた「チェルノブイリ・フォーラム」で、「チェルノブイリ事故による放射線被曝にともなう死者の数は、今後発生するであろうがん死も含めて全部で 4000 人（同上：94）」と報告を行った。そして同機関に関係する専門家たちは、甲状腺ガンを除いて放射能による他の健康被害は証明されていないと主張している。どちらが真実に近いのか。

　フクシマでも同じように甚大な健康被害が広範囲で起きて、たくさんの方が病気になり、亡くなるのであろうかと心配しながら、その反面、そのようになってほしくない[(4)]、あるいはそうならないのではないだろうかという願望にすがりつくときもあった。いうまでもなく日本の政府関係者による福島では健康被害は生じないという発表[(5)]はまったく信頼できなかった。二つの大事故を比較した文章

---

(1) チェルノブイリでは甲状腺ガンの手術を受けた人が多く、その手術跡がネックレスのように見えることから名付けられた。当初の手術レベルでは醜い手術跡が残ったが、日本の医師、菅谷昭氏などにより目立たない方法が導入された（参照：菅谷：123）。

(2) 放射線被ばくにより免疫力が弱まった結果、病気になりやすく、エイズのような症状が出ることから、名付けられた。

(3) セシウムが体内に入ると筋肉、特に心筋に取り付きやすい。その結果心臓疾患が起きる。このような心臓をいう。

(4) 「こどもたちのことを考えると、できれば何も起こってほしくない。（ふくもと：9）」に同感です。

(5) 代表者として山下俊一氏の発言を参照してください（リンク 19）。

を読んだが、健康被害に関して具体的に比べたものはあまり見当たらなかった。すると、信仰みたいに、どちらかを信じるしかないのか、と考えるようになった。

　このような時にベラルーシ・ミンスクの「子どもたちに喜びを」[6]財団の招待で2015年3月28日から4月5日までドイツのロットバイルの市民グループ7名[7]と日本からの参加者5名と一緒にベラルーシを訪問する機会に恵まれた。目的はチェルノブイリ事故29年後のベラルーシを訪れ、長い間厳しい状況の中で放射能汚染から生じる問題と取り組んでいる人々への連帯表明と彼らの経験から学ぶことであった。今回の訪問の背景には、2014年4月にベラルーシの財団関係者とドイツのロットバイル・市民グループが来日し、福島第一原発事故後の状況を視察し、福島の人々へ連帯を表明した経緯があった（筆者は案内役兼通訳で同行）。我々の今年の訪問はその返礼の意味もあった。さらに筆者個人としては、この機会を捉えて、チェルノブイリとフクシマ[8]との比較が可能かどうかを自分なりに確かめようと思った。できれば双方の原発事故の違い、特に放射能被ばくによる被害の規模の違いを見極めたいと思って参加した。

────────

(6)　ゲンナイ・グルシュバイ教授と同夫人のイリナ・グルシュバヤ博士らにより創立されたベラルーシの市民団体。1986年の事故後89年まで体制側が秘密にしていた放射能被ばくによる汚染地域住民の健康被害を発表し、共産党体制と政府を批判した。1990年に「チェルノブイリの子どもたち」財団を創立する。20年以上の活動の後2年前に認可の延長申請をしたが、当局から認可が下りず、現在の名称で認められた。同財団の活動に関してはII.5.を参照。

(7)　ロットバイル市のNPOは「核の脅威のない世界を」。同NPOはチェルノブイリの事故以来被害者支援、子どもたちの保養招待、連帯交流を息長く現在も続けている。

(8)　フクシマというカタカナ表記は、福島第一原発事故とチェルノブイリ原発事故およびそれぞれの放射能被害を比較するときに使い、固有名詞や地域としてあるいは行政単位として意味するときは福島と漢字表記にする。

まずはベラルーシ訪問について記し、ベルリンに戻ってきてから得られた情報をまとめた上で、結論を出してみたい。拙稿の出発点はベラルーシで見聞きしたことであるが、記述の多くはウクライナとロシアを含めたチェルノブイリ原発事故の全体に亘っている。しかし、放射線に国境がない[9]と同様に、同地帯は1991年12月まではソ連邦内であり、ウクライナやロシアの状況もあまり変わらなかったと聞いているので、1991年までは3か国について国別に分けないで扱う。1991年以降はそれぞれの国が独自の歩み方をしている。訪問はしなかったが、ウクライナについても簡単に述べる。

　最初にチェルノブイリとフクシマの汚染地図をご覧になってから、先を読んで頂きたい。

　まず両方の汚染地図を見ると、チェルノブイリの汚染地域では大陸的な広大さが目につく。居住禁止区域も広い。それに比べると、フクシマの汚染地域は広くない。さらに海沿いの原発であるがために、放射性物質が相当部分海に流れたのではないかという推測が成り立つ。首都圏が部分的に汚染されているのも分かる。

ベラルーシとドイツからの市民グループ（福島県大熊町の路上で）

---

(9) ドイツは連邦国で、連邦政府の管轄には外交と国防の他に原子力がある。放射線は州境で止まってくれないから。

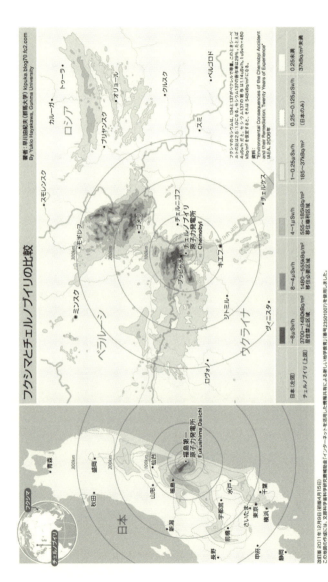

図1 チェルノブイリとフクシマの汚染地図（リンク 14）

出典：早川：「日本の放射能の汚染地図」

目　次

はじめに ……………………………………………………… 3

I. ベラルーシ訪問 …………………………………… 15

I.1. 白樺ジュースとおもてなし ………………………… 15

I.2. ルニネッツ（人口 2 万 4 千人の都市）訪問（3
　　月 30 日）………………………………………………… 16

I.3. エネルギー資源と効率（寄り道）…………………… 17

I.4. ナデジダ 21（希望 21）・青少年サナトリウム
　　（4 月 1 日）……………………………………………… 19

　　I.4.1. チェルノブイリの児童の 80％が抱えている健
　　　　　康上の問題 ……………………………………… 24

　　I.4.2. チェルノブイリのプルトニウムとストロンチ
　　　　　ウム ………………………………………………… 26

　　I.4.3. チェルノブイリとフクシマの放射性物質の放
　　　　　出量（10^{15}Bq）………………………………… 27

　　I.4.4. チェルノブイリ事故によるセシウム汚染 ……… 27

　　I.4.5. チェルノブイリの汚染面積／セシウム 137 ……… 28

　　I.4.6. 汚染地域の住民数（1990 年）…………………… 28

　　I.5. ベルラド研究所「ベラルーシ放射能安全研究
　　　　所」（4 月 2 日）…………………………………… 30

　　I.6. 移住村スターリ・レペル（4 月 3 日）…………… 33

　　I.7. ダーチャの訪問（4 月 4 日）……………………… 34

II. 証言 ……………………………………………………… 37

Ⅱ. 1. イリナさん（「チェルノブイリの子どもたち」
財団の創立メンバー）………………………… 37

Ⅱ. 2. ヴァレンティナさん（70歳半ばの女性）………… 38

Ⅱ. 3. マーシャさん（「子どもたちに喜びを」財団ボ
ランティア活動家）…………………………… 38

Ⅱ. 4. タマラさん（元ミンスク教育大教授）………… 40

Ⅱ. 5. ベラルーシの財団「子どもたちに喜びを」（元
「チェルノブイリの子どもたち」）………… 41

Ⅱ. 6. 広河隆一氏の『チェルノブイリ報告』による
被害の状況 ……………………………………… 42

III. 専門用語 …………………………………………………… 45

Ⅲ. 1. 放射能と放射線と電離作用と放射線被ばく ……… 45

Ⅲ. 2. 放射線の強さの減衰率 ………………………… 46

Ⅲ. 3. 空間線量率 ……………………………………… 47

Ⅲ. 4. 土壌汚染検査と空間線量率 …………………… 48

Ⅲ. 5. 外部被ばく ……………………………………… 49

Ⅲ. 6. 内部被ばく ……………………………………… 50

Ⅲ. 7. 生物学的半減期と預託実効線量 ……………… 52

Ⅲ. 8. 実効線量 ………………………………………… 52

Ⅲ. 9. 空間線量率と実効線量と外部被ばく量 ………… 53

Ⅲ.10. 等価線量と実効線量 …………………………… 54

Ⅲ.11. 放射線被ばくが健康に及ぼす影響 …………… 55

Ⅲ.12. 二つの確率：ガンの死亡率 ……………………… 57

Ⅲ.13. 実効線量の様々な基準値 ……………………… 58

Ⅳ. チェルノブイリ原発事故の被害を
大きくした原因 ……………………… 59

Ⅳ.1. 政府の秘密主義及び無責任体制に加えて国民
への情報公開がなかった ……………………… 59

Ⅳ.2. 事故後４年間の汚染状況と被ばく ……………… 62

Ⅳ.3. 被ばくでは外部と内部のどちらの方が被害が
大きいのか ……………………… 63

Ⅳ.4. 放射能漬けの食べ物 ……………………… 65

Ⅳ.5. チェルノブイリ法 ……………………… 66

Ⅳ.6. チェルノブイリ法と日本の避難基準との比較 … 67

Ⅳ.6.1. チェルノブイリ法における内部被ばく ………… 69

Ⅳ.6.2. 食品規制の基準値 ……………………… 70

Ⅳ.6.3. チェルノブイリ法の実施と自主的避難 ………… 74

Ⅳ.7. ベラルーシとウクライナの対応と西側の疫学
的スタンダード ……………………… 74

Ⅴ. フクシマ ……………………… 79

Ⅴ.1. 福島第一原子力発電所の事故 ……………… 79

Ⅴ.2. 太平洋の放射能汚染（キール海洋研究所）……… 80

Ⅴ.3. 安定ヨウ素剤と甲状腺疾患 ……………………… 81

Ⅴ.4. 空間線量計を手にして ……………………… 82

Ⅴ.5. 空間線量率モニタリングポスト ……………… 87

Ⅴ. 6. 福島市の空間線量率：2011 年 8 月 18 日と
　　　2015 年 10 月 25 日 ………………………………… 88
　Ⅴ. 7. フクシマの外部被ばく ……………………………… 90
　Ⅴ. 8. フクシマの内部被ばく ……………………………… 92
　Ⅴ. 9. フクシマの食品検査 ………………………………… 93
　Ⅴ.10. 空間線量率に目が行き過ぎているのでは ………… 97
　Ⅴ.11. 100mSv か 500mSv か（後で分かったこと）…… 97

Ⅵ. 結論 ……………………………………………………… 101

Ⅶ. 日本の問題と課題 …………………………………… 105

　Ⅶ. 1. 緊急時被ばく状況と現存被ばく状況 …………… 107
　Ⅶ. 2. 帰還政策はすでに破綻している ………………… 109

Ⅷ. これからどうすべきか ……………………………… 111

　Ⅷ. 1. 小状況 ………………………………………………… 111
　Ⅷ. 2. 大状況 ………………………………………………… 113

Ⅸ. 参考資料 ………………………………………………… 115

　1）ドイツ連邦放射線防護庁の一般住民に対する対
　　　処線量ガイドライン ………………………………… 115
　2）米国における一般住民への対応ガイドライン …… 116
　3）災害復旧作業者のガイドライン（ドイツ）……… 116

4）災害復旧作業者のガイドライン（米国）············· 117
5）災害復旧作業者のガイドライン（日本）············· 117
6）ドイツの脱原発について ································ 118

文献リスト（著者名：あいうえお順）···························· 121
リンクのリスト ·· 123

あとがき ·· 133

I

ベラルーシ訪問

I. 1. 白樺ジュースとおもてなし

　3月28日にベルリンでドイツ人グループと合流した後、夜汽車に乗り、ポーランドを抜けて29日の明け方に国境都市ブレスト市に到着する。そして今回この視察旅行を企画したロットバイル市の市民団体の協力者の家族の家に分散ホームステイする。白樺ジュースをご馳走になり、初めて白樺の木からジュースが採れることを知る。ゴムの木のように幹に傷を付け、そこから湧き出てくる樹液を採集するのだそうだ。ベラルーシでは新芽が出る前に、つまり3月半ばになると、森に出かけ、仕かけをして翌日採りに行く。一本の白樺の木から一晩で10リットルも採れるそうだ。午後から農村に行き、ギリシャ正教教会や農家を訪ねる。庭では鶏やヤギが放し飼いで、豚や牛は小屋の中で飼っている。まさに自給自足体制だ。家の中に招き入れられ、キノコの漬け物、白樺ジュース、ソーセージ、ウオッカなどをご馳走になった。全て自家製とのこと、ベラルーシの人々の心のこもったおもてなしに初日から圧倒された。この地域はチェルノブイリから西に500kmも離れているので、汚染については心配していないとのことだった。一応持参した空間線量計[10]で空間線量率を測ったが、どこでも検出限界値の0.05μSv／時（マイクロシーベルト／時間）であった。

I.2. ルニェッツ（人口2万4千人の都市）訪問（3月30日）

ルニェッツ市に車で移動。チェルノブイリから北西に直線距離で260km離れているが、長い間高濃度の汚染地だった。市内の何か所かで測ったら、0.14μSv／時が最高値だった。時々0.09μSv／時が出たが、他は0.05μSv／時だった。だが、セシウムの減衰率（参照：Ⅲ.2.）を当てはめてみると、1986年の汚染濃度はこの数値の数倍だったことになる。

同市のギムナジウム（中高一貫校）で教師をしながら、被ばく者支援を25年間も行っているタチアーナさんの案内でまず彼女のギムナジウム、その後隣接する青少年センターを訪問した。学校では女子生徒たちの案内で校内の民俗博物室を見学した。200年ほど前の住民の素朴な生活様式を英語で説明してくれた。彼女らの一生懸命な態度は日本の地方高校に通じるように思われた。青少年センターでは高校生たちが歌や音楽演奏で歓待してくれた。その後数人の研究発表があった。最後にはきはきした男子生徒（17歳）が植物による環境汚染測定について発表したので、チェルノブイリについていくつか質問した。「ヨーロッパ最後の独裁者」といわれているルカシェンコ大統領（1994年以来ベラルーシ大統領）がチェルノブイリ関連のテーマをタブー化しているとドイツで聞いていたので、学校での扱いが知りたかったからだ。答えは、このテーマについて話すことは禁止されておらず、教室内でも議論するときがあるとのことだった。この地域は高濃度に汚染されていたそうだが、回りの人に健康障害は見られるかとの質問に、彼は、「よく見られる

---
(10) 2013年に筆者が秋葉原で購入した安物の家庭用放射線測定器「Air Counter_S」（エステー社）。

し、自分も目が悪く、読書やコンピュータの時間を制限するように
いわれている」と答えた。将来の抱負はとの質問に、大学の工学部
で学んだ後ベラルーシの北部に建設中の原子力発電所で働くか、外
国に行きたいとのこと。自分が放射能によるかもしれない健康問題
を抱えていながら、原発で作業するのは矛盾しないのかとちょっと
意地悪な質問をすると、「ベラルーシは資源がなく、エネルギーに
関してロシアに依存しているから、できるだけ国として独立するた
めに必要だ」[11] と答えが返ってきた。再生可能エネルギーでもエ
ネルギー自給の道を歩むこともできるのではとの問いに、そうかも
しれないが、それについてはよく知らないとの答えだった。議論が
面白くなってきたが、夕方になり、時間もなくなったので、残念な
がら途中で打ち切りになってしまった。

　今回の訪問で、再生可能エネルギーについて何か所かで話題にし
たが、ベラルーシ政府あるいは市民団体などが自然エネルギーの普
及を目指す政策や運動はほとんどしていないと聞かされた。

I. 3. エネルギー資源と効率（寄り道）

　エネルギー資源をほとんど持たないベラルーシはロシアからの石
油とガス供給に全面的に依存している。省エネに関して4日後に面
白い体験をした。チェルノブイリ汚染地区から移住してきた人々の
スターリ・レペル村（詳しくは I.5. で報告）を訪ねたとき、省エネと

---

(11) 筆者は「絆・ベルリン」というドイツのNPOに属し、2011年以来東北復興支援
　　に携わっている。そして岩手県から高校生を毎年ベルリンに招待している。昨年
　　彼らと原子力エネルギーに関して議論をすると、まず日本の経済のために原子力
　　エネルギーは必要だと主張してきた。それが滞在中にドイツの若者と討論してい
　　く間に、その意見が揺れ始め、最後にはもう一度日本に帰って考え直してみると、
　　言って帰ったのを見て、招待に意味があったと我々ドイツ側は喜んだ。

環境にやさしい考えにそって建てられた一軒家の中を見せてもらった。案内役のバレンティンさんが、この村の家では窓枠の下にあるパネルヒーターに温度調節つまみがとり付けてあると誇らしげに説明してくれた。ドイツ（西）ではそれぞれのパネルヒーターに調節つまみがついているのは当たり前なのだが、旧社会主義圏では、地域暖房により暖房費がべらぼうに安いので、通常は温度調節つまみがついておらず、窓の開閉で温度を調節している。旧東独でよく目にしたのだが、冬でもTシャツで暮し、それで暑くなれば、窓を開けるという省エネの基本を完全に無視した生活スタイルを見ると、我々西側からの訪問者はよく首を傾げたものだ。

　ちょっと寄り道するが、エネルギー資源に関して一言述べたい。我々は多くのエネルギーを電気という形で受け取っている。その電気を生み出すのに、石油やガスを燃やし、あるいは核分裂などを利用して、まず熱を作る。その熱によって蒸気を発生させ、さらにその蒸気で発電機を回し、発電している。その効率は30％ほどにしか達しない。しかし、燃焼から発電までの間に発生する熱はほとんど使われないまま空中に放出される場合が多い。そしてその熱は無駄になるだけではなく、地球温暖化の原因になっている。その熱エネルギーを暖房に使えば、全体のエネルギー効率は60～80％と倍になる。冬が長い国々ではその熱を地域暖房に回しているから、安いのである。ちなみにドイツの再生可能エネルギーでバイオマス発電の比率が27％と高いのは、熱と電力を生み出すコジェネレーション（熱併給発電）だからである。自動車を動かしているエンジン（内燃機関）にしてもガソリン（＝ディーゼル）を爆発的に燃焼させ、その燃焼ガスでピストンを動かしているが、効率は20％ほどで、残りの熱は有効利用されていない。原発は効率が30％に達しない上に、その巨大な排熱エネルギーは冷却水を通して湖や川や海

に放出され、それらの水温上昇という形で環境に悪影響を及ぼしている。さらに放射能汚染が加わるのだ。考えてみると、原発問題もエネルギー問題なのだ。我々は生活に必要なエネルギー獲得のために戦争をし、地球環境を汚し、健康を害し、苦しんでいる訳だ。

I. 4. ナデジダ 21（希望 21）・青少年サナトリウム（4月 1 日）

　ミンスクから雪が降ったりやんだりする中をバスで 3 時間近く走り、ナデジダ 21・青少年サナトリウムに着いた。会議室に案内されると、二人の女性、所長のイリナ・ニシタラボッチ博士と渉外担当のタチアーナ・マイサックさんがサナトリウムについて話してくれた。

　このサナトリウムは 1994 年 9 月 24 日に日本の「チェルノブイリ子ども基金（広河隆一氏代表）」財団[12]やドイツのいくつかの財団からの寄付とベラルーシ保健省の予算を基金として設立された。以前は放射能汚染地帯の青少年（6 歳から 17 歳まで）を 4 週間滞在させていたが、現在は 24 日間の滞在で、一回に 320 人の青少年を受け入れている。ということは、年に 14 回入れ替えるので、1 年間で 4,480 人がこの恩恵を受けている。創立以来 2014 年までの 20 年間に 6 万 2 千人以上（案内パンフによる）が滞在した。内部被ばくを引き起すセシウムなどの放射性物質を体内から早く排出させるように健康食を提供し、さらに様々なリハビリと学習プログラムを用意している。病気を抱えた児童は医療サービスと心のケアが受け

---

(12) 広河隆一氏は報道写真家として 1989 年、90 年、91 年にチェルノブイリを訪問し、当時の悲惨な状況を克明に報告している（参照：II.6.）。その体験が財団設立に結びついたのではないかと推測する。（参照：リンク 32）

られる。

　日本からの参加者が驚いたのは、学期中も休みなく活動していることだ。学校のクラスごとに受け入れて、引率の教師たちも一緒に滞在する。そして、学校の授業に遅れないようにサナトリウム内で授業をしている。施設内にも教師がいて、小学校レベルでは一緒に教えている。定員の70％は教育省（文科省）が学校単位で選び、送り込んでくる。定員の30％は別枠として取ってあり、外から支援する財団が経費を負担する児童を受け入れている。さらに母親と子どもが一緒に滞在できる特別棟もあり、親子で滞在できる。まれにだが父親が付き添う場合もあるそうだ。入所の際に子どもたちの個人カルテを作り、最初の2日間で個人別の保養プログラムを組む。治療が必要な児童には治療プログラムを組む。サナトリウム滞在の後には子どもたちの免疫力の向上が見られる。そして必要な

ナデジダ21（希望21）・青少年サナトリウム

ら、退院後も外部の医者にかかれるように引き継ぎ用のカルテを持たせる。特に大事なのは、楽しく滞在してもらうことだ[13]と所長のニシタラボッチ博士が言っていた。この保養所は27ヘクタールに及ぶ広大な農場を経営し、有機農業で多くの農作物を作っている。昼食に農場で収穫された野菜を食堂でご馳走になった。さらにソーラパネルを屋根に載せ、エネルギーも自給している。ドイツなどからの寄付金のせいか、ここではエネルギーの有効利用を心がけている。

　施設内を見回った後、質問の時間になった。18歳以下の甲状腺ガンの発病率がチェルノブイリ以前に戻ったとの所長の説明があったので、その出典を聞いたら、政府関係の発表文書に載っているとの答だった。ベルリンに戻り、2013年発行の『チェルノブイリ原発事故・ベラルーシ政府報告書』を調べてみると、0〜18歳未満の住民の罹患率は1995〜96年をピーク（10万人中130人程度）にしてたしかに減ってきて、2004年以降は1986年前のレベル（10万人中数十人）に近づいてきている。しかし、1986年当時8歳以上（現在は成人）だったベラルーシ国民の罹患率は2003年ごろまでぐんぐんと上昇し（10万人中1,100人程度）、その後も低下していない[14]。1986年後に生まれた子どもたち（直接被ばくしていない）の甲状腺ガン罹患率は確かに1986年のレベルまで下がってきているが、当時被ばくした子どもたちの罹患率はまだ上昇を続けて

---

(13) 昨年の4月にロットバイルとベラルーシのグループが日本を訪れたが、そのメンバーにドイツの大学で勉強しているベラルーシからのサシャ君がいた。東京で広河隆一氏の写真展覧会を訪問した際に、彼はこのナデジダ保養所に滞在したことがあり、すごく楽しく、また元気になったと懐かしそうに話してくれた。

(14) 『ベラルーシ政府報告書』によれば、「成人の甲状腺ガン罹患率は6倍上増加している。子ども（1986年当時0〜14歳）の発症のピークは1995〜96年で、1986年と比較して39倍に増えている（『ベラルーシ政府報告書』: 54）」。

いるのである。ちなみにウクライナの甲状腺ガンの罹患率を見ると、1986 年当時 0 〜 14 歳の住民の罹患率は上昇を続け、「いつまで増え続けるのか、誰も予測できない状態なのだ（馬場・山内：81）」。1990 年で 41 名、2009 年で 463 人が甲状腺ガンになっている。ウクライナの新生児の甲状腺ガンの罹患率に関しては分からない。

　ルカシェンコ大統領がチェルノブイリの放射能による被害は終わったと宣言し、チェルノブイリという言葉もタブー化されていると聞いているが、そのような状況では保養所の存続は予算的に難しいのではないかとの質問に、「子どもたちの保養はこれからも必要だから、チェルノブイリの被ばく問題がなくなっても存続するだろう」との答だった。もちろん、予算削減の可能性も踏まえて、放射能被ばくによる疾患だけでなく、ほかの病気による子どもの受け入れにも力を注いでいるそうだ。

　質問の受け答えの最中に、学校のクラスごと保養に行くなんて考えられないと日本からの参加者と頷き合った。というのは、「福島県では学校の勉強が遅れるからとの理由で、一週間とか週末だけの保養でさえも参加に二の足を踏む家庭がある」と福島から参加の Y さんから聞いたからだ。質問の時にその意味で入所を拒否する児童あるいは親もいるのかと聞いたら、なぜそのような質問をするのか理解に苦しむという表情で、「最終的な決定権は子どもたちあるいは親が持っている」との答えだった。あまりにも見事に制度的に整っているので、ベラルーシではチェルノブイリ以前からも学校児童を保養所に定期的に送る制度がソ連時代にあったのではないかと推測し、ベラルーシの人に聞いたら、存在したそうだ[15]。それで

———————

(15) ソ連時代にはピオニールキャンプがあり、1,000 万人もの若者が毎年キャンプで過ごしていた。保養制度がこの制度と直接関係があるどうかは明確ではない。（参照：リンク 22）

も 1990 年以来判明した子どもたちの被ばくの惨状に対処するために一挙に通年の保養制度にまで発展させたことは本当に素晴らしいと思う。

　サナトリウムをあとにしてから、気がついたのだが、児童の入所時と退所時に WBC 検査（ホールボディカウンターで体内のセシウムの量を測り、内部被ばくを見る検査）を受けるのか、聞くのを忘れてしまった。所内を見学した時にそのような装置は見かけなかったし、見せてくれなかったので、多分ないのだろう。さらに内部被ばくに関してはそれほど心配していないのだろうかという疑問が頭の中をよぎった。

　このようなサナトリウムはベラルーシ全体で 9 か所あるそうだ。ということは、なかにはリピーターもいるが、ベラルーシ全体でこれまで 50 万人以上の子どもたちがこのような保養所に滞在したことになる。さらにベルリンに帰ってから調べてみたら、2001 年から 2010 年の間に 160 万人もの子どもたちがこのようなサナトリウムや保養所で療養及び健康作りの保養滞在をしたとのことだ（『ベラルーシ政府報告書』：105）。さらに 82 万人もの子どもたちが外国から保養に招待されている(16)。ちなみに 1990 年代初めから 2010 年までに 20 万人近い児童が 3 週間から 4 週間の保養にドイツに招待されたそうだ(17)。ナチス・ドイツは第二次世界大戦でベラルーシにも甚大な被害を与えた。当時の人口は 1 千万人だったが、その四分の一が殺されたそうだ。首都のミンスクで破壊されなかった建物は三つしかなかったと何度も聞かされた。そのため、ドイツ（西）ではチェルノブイリ事故後にドイツ人によって実施された支援は過去に犯した罪への償いと理解している人が多い。支援グループのリ

(16)「1990 ～ 2010 年に 82 万 7000 人の子どもたちが外国で療養を行った（『ベラルーシ政府報告書』：109）。」

ストを見ると、教会関係（後述の移住村もその一例）のグループが多いのもその理由からかもしれない。

　日本から見ればうらやましい限りの施設と制度であった。日本では福島の児童の保養は真剣に取り組まれていないので、低線量被ばくによる児童の健康被害が増えるのではないかと心配されている。国は重い腰をやっと上げて、2014年に3億6千万円の予算を組んだきりだ。今年も同じ予算額が見込まれているそうだ。発展途上国ともいえる貧しいベラルーシが未来を支える子どもたちのために巨額の予算を割いているというのに、金持ち国の日本の対策は何と貧弱なのだろう。まったく子どもたちの被ばくとそこから発生するであろう健康被害を考えていないのだ。2011年の4月に文科省が学校の校庭の許容実効線量を原発作業員と同じレベルの20mSv／年として、お母さん方から猛抗議を受け、1mSv／年を目指すと言って、渋々取り下げたが、この経過はいかに文科省などの役人が子どもたちの健康、そして被ばくの恐ろしさを真剣に受け取っていないかを示している。

I. 4. 1. チェルノブイリの児童の80％が抱えている健康上の問題

　チェルノブイリの子どもの健康上の深刻な問題、例えば健康な子どもたちは20％にも満たないと聞いていたので、滞在中に何人か

---

(17) 筆者は昨年夏50名のベラルーシの子どもたちを引率してきたマーシャさん（参照：II.3.）に招かれて2日間だけバルト海沿岸にあるドイツの保養地を訪問した。午前中と午後にそれぞれ3時間ほど砂浜で遊び、順番に海に入る。天気の悪い日は室内で工作などをして過ごす。ベラルーシから付いてきた引率の大人は女性3人とミンスク大学のドイツ語科の男子学生の4人だった。この保養の費用はドイツの市民団体が負担していて、帰りはおみやげまで用意している。ただし、チェルノブイリ30年ということでこのプログラムは今年が最後になるそうだ。招待するドイツ人側が高齢になってしまい、寄付金の集まりが少なくなってしまったことも終了の一因だと聞いた。

の人に本当かどうか尋ねてみたら、そうだという答が返ってきた。チェルノブイリ事故の 26 年後に NHK の馬場氏と山内氏が訪ねたウクライナからの報告によると、「最も私たちがショックを受けたのは〈…〉事故後に汚染地帯で生まれ育った第 2 世代 31 万 9322 人の健康悪化だ（馬場・山内：199）」。具体的には、『慢性疾患』を持つ第 2 世代は、「1982 年の 21.1 パーセントから、2008 年の 78.2 パーセントに増加している。例えば、内分泌系疾患 11.6 倍、筋骨系疾患 5.34 倍、消化器系 5.00 倍、精神及び行動の異常 3.88 倍、循環器系疾患 3.75 倍、泌尿器系 3.60 倍である（同上：210）」。そのため「チェルノブイリ原発事故後、汚染地域の学校では授業時間が 5 分間短縮され、それまでの 45 分から 40 分になった（白石：6）」。子どもたちの健康の悪化が目立ち始めたのは 1990 年以降だ（同上：6）。ウクライナのコロステン市（チェルノブイリより西に 130km 離れている）では「低学年は 10 分、高学年は 5 分短縮している（馬場・山内：210）」。馬場氏と山内氏が訪ねた中学校では 485 人の生徒のうち正規の体育の授業を受けられる生徒は全校で 14 人だけだそうだ。恐るべき状態だ。

　ちなみに福島県の学校生徒たちに目を向けると、体力低下が震災後目立っている。「2014 年の文科省の全国体力テストでは、福島県の都道府県別順位は小 5 男子が 43 位、同女子は 27 位。原発事故前の 10 年度はそれぞれ 32 位、19 位だった（日経新聞：2015 年 6 月 5 日）」。福島県の教育委員会は、「運動能力は 3 年後までに全国平均と同水準にする（同上）」と設定しているそうだが、果たして達成できるかだ。チェルノブイリの汚染地区の児童のように極端な健康悪化はまだなさそうだが、5 年目以降の状況の推移をフォローする必要がある。

I. 4. 2. チェルノブイリのプルトニウムとストロンチウム

ナデジダ・サナトリウムの一角にチェルノブイリ歴史博物室がある。その中に原子炉爆発後のフォールアウトによる汚染状況を示す大きな模型地図（30キロ圏内）が置かれている。日本の「チェルノブイリ子ども基金」が寄贈したものだ。ボタンを押すと、プルトニウムとストロンチウムとセシウムによる汚染地のランプがともり、汚染状況が一目瞭然に分かるようになっている。そこで気がついたのが、プルトニウムとストロンチウムのランプが非常に多く、セシウムのランプが比較的少ないことだった。フクシマの放射性物質ではセシウムが多く、のこりの二つは少ないと記憶していたので、所長に質問したが分からないとのことだった。もしかしたら、チェルノブイリは、原爆用のプルトニウムを作り出す原子炉の改良型だった[18]ので、それと関係があるのでは、と言ったら、それは初耳だと所長は首を傾げていた。ここで、チェルノブイリとフクシ

爆発後の汚染状況を示す模型地図

マの放射性物質放出量について見てみよう。いろいろな数字があるが、ここではとりあえずウィキペディアの数字を見てみる。

I. 4. 3. チェルノブイリとフクシマの放射性物質の放出量（10^{15}Bq）

表1　チェルノブイリとフクシマの放射性物質の放出量（10^{15}Bq）

核 種	半減期	崩壊モード	チェルノブイリ	福島第一	割合(C/F)
ヨウ素131	8日	β	~ 1760	160	11倍
セシウム134	2年	β	~ 47	18	2.6倍
セシウム137	30年	β、γ	~ 85	15	5.6倍
ストロンチウム90	29年	β	~ 10	0.14	71倍
プルトニウム239	2万4千年	α	0.013	0.0000032	4062倍
プルトニウム240	6千5百年	α	0.018	0.0000032	5625倍

出典：ウィキペディア「チェルノブイリ事故との比較」（リンク7。割合は筆者が計算し、付け加えた）

　放出量を見ると、放射性核種によって数倍から数千倍の開きがあるが、チェルノブイリの方が全体的に多い。ストロンチウム90も71倍と多いが、それ以上に圧倒されるのは、半減期がそれぞれ2万4千年、6千5百年と想像を絶するほど長いプルトニウム239と240の多さだ。これでナデジダの放射性物質拡散模型でストロンチウムとプルトニウムが圧倒的に多かったのも納得できた。

I. 4. 4. チェルノブイリ事故によるセシウム汚染

　「汚染地域という言葉は、チェルノブイリ事故の場合、セシウム137の地表汚染密度が1平方km当り1キュリー以上の地域をさし

---

(18) 今中哲二氏によれば「チェルノブイリの原発は、旧ソ連が原爆用プルトニウム生産のために開発した原子炉を発電用に発展させたもので RBMK 型原子炉と呼ばれる」（リンク8：1）。さらに今中氏は、同原子炉が設計自体からして欠陥製品であることを詳しく説明している。つまり、制御棒を差し込み、出力を下げようとすると、ある出力段階ではかえって出力が高騰する構造になっている。ブレーキを踏んだのにスピードが出るようなものだ（同上：2）。

て用いられている。表1にロシア、ベラルーシ、ウクライナ3か国のセシウム137による汚染地域の面積を示す。1平方キロメートル当り1キュリー（＝370億ベクレル）、1平方メートル当りにすると1マイクロキュリー（＝3万7,000ベクレル）である。1平方センチメートル当りにすると0.0001マイクロキュリー（＝3.7ベクレル）になる（リンク12)」。日本の法令では、放射性物質を取り扱う施設においては、放射線管理区域という人や物の出入りを制限する区域があるが、その管理区域の要件の一つが、1平方センチメートル当り4ベクレルを越える汚染の「恐れのある」場所とされている（参照：同上)。

I. 4. 5. チェルノブイリの汚染面積／セシウム137

表2　チェルノブイリの汚染面積／セシウム137

セシウム137汚染レベル（キュリー／平方km）				
	1～5	5～15	15～40	40以上	合計
ロ シ ア	4万8800	5720	2100	300	5万6920
ベラルーシ	2万9900	1万2000	4200	2200	4万8300
ウクライナ	3万7200	3200	900	600	4万1900
3か国合計	11万5900	2万0920	7200	3100	14万7120

出典：イズラエリら「気象学と水理学」 1994年、No.4 より（リンク12)。

これらの汚染レベルが何年の計測に基づくのか分からない。放射線の減衰率を考慮すると計測年度は非常に重要なのだが。なお三か国合計14万7千平方キロメートルの汚染地域は日本の本州（22万7千9百平方キロメートル）の65%に相当する。

I. 4. 6. 汚染地域の住民数（1990年）

旧ソ連政府は当初40キュリー／平方キロメートル（約40mSv／年）以上の汚染地域からの住民を移住させる方針をとっていたが、

表3 汚染地域の住民数 （1990年、単位：万人）

セシウム137 汚染レベル（キュリー／平方km）					
	1～5	5～15	15～40	40以上	合計
ロ　シ　ア	188.9	21.8	11.0	0.5	222.2
ベラルーシ	173.4	26.7	9.5	0.9	210.5
ウクライナ	133.5	20.4	3.0	1.9	158.8
3か国合計	495.8	68.9	23.5	3.3	591.5

出典：1990年ソ連ゴスプラン委員会報告の値を、その後のデータを基に今中哲二氏が補正した（リンク12）。

1990年7月にベラルーシ最高会議は15キュリー／平方キロメートル以上の汚染地域から約11万人の住民を移住させる決議を採択した。旧ソ連政府も1991年5月にそれに倣った。3か国合わせると27万人になる。事故直後強制的に移住させられた30キロ圏内の13.5万人と合わせると、旧ソ連邦内では40万人以上の住民が移住対象になった訳だが、ソ連邦体制崩壊の社会的混乱もあり、かなりの住民が移住しなかったようである（参照：リンク12）。2013年発行のベラルーシ政府報告書によると、13万7,700人が移住している（『ベラルーシ政府報告書』：94）。ということは、ベラルーシではほとんどの対象住民（10万4千人）が移住した上に、15キュリー以下の汚染地域からも自主的に3万人ほどが移住したようである。ただ、上の汚染地域と政府報告書の住民数が一致しない。今中氏のデータでは210万5千人だが、報告書では114万1,300人と半数ちょっとに減っている。

　チェルノブイリ事故25年後に発表されたIPPNW（核戦争防止国際医師会議）ドイツ支部のデータも参考までに挙げておく。

　　　　直接の影響：

　　　　ベラルーシ　　　2,500,000人

　　　　ウクライナ　　　3,500,000人

　　　　ロシア　　　　　3,000,000人

135,000 人が事故直後に避難

400,000 人が強制移転によって家を喪失

3,000,000 人が 185,000 ベクレル／㎡（5 キュリー／㎢）を超える地域に住む

270,000 人が 555,000 ベクレル／㎡（15 キュリー／㎢）を超える地域に住む

（核戦争防止国際医師会議ドイツ支部：23）

I. 5. ベルラド研究所「ベラルーシ放射能安全研究所」（4 月 2 日）

　市内で地下鉄に乗る。グループの一人が写真を撮ろうとしたら、構内での撮影は禁止されていると地下鉄の警官に止められた。肖像権の問題なのか、社会主義圏では写真撮影は厳しく取り締まられていた名残なのか、分からなかった。ベラルーシの友人たちも肩をすくめるだけだった。さらにバスを乗りついで、道を尋ねながらやっと到着した。この研究所の創立者は『チェルノブイリ被害の全貌』の執筆者の故ヴァシリー・B・ネストレンコ博士である。我々に講演をしてくれたのは、その日予定されていた副所長のウラジミール・バベンコ博士[19]ではなくて、同著の共同執筆者のアレクセイ・V・ネストレンコ博士（ヴァシリーさんの息子）だった。同氏の講演はロシア語で行われた。それをエスコートしてくれたナジャさんにドイツ語に訳してもらい、さらに筆者が日本語に訳した。博士は原子力エネルギーと原発、さらにチェルノブイリの原発事故、最後に放射能汚染について話をしてくれた。同研究所は 1990 年の設立以来、あらゆる機会を通じて原子力の危険性および放射能被ばくに

――――――――――
(19)『自分と子どもを放射能から守るには』の著者として日本では有名。

警鐘を鳴らしてきて、世界的な評価を受けている。そして研究所自ら空間線量率や食物内の放射能汚染を測る計測器の製造もしてきた。ベラルーシ製の計測機器は廉価の上に信頼性が高いので日本の市民測定所でも使われている。さらに体内に溜まったセシウムの体外排出を早めるペクチン剤（主成分はリンゴ）の調合と製造を手がけた[20]が、数年前からルカシェンコ大統領のチェルノブイリ被害タブー化による嫌がらせを受け、製造禁止になってしまった。そのためチェコの会社に委託製造をしてもらっているそうだ。現在は身体の活性化に必要なビタミン入りの Vitapekto（一缶 4 ユーロ）を販売している。日本でも製造販売を試みたが、日本のパートナーが破産し、宙に浮いたままになっているそうだ。

　講演の中で印象深かったのは、海外の保養に招待された子どもたちは出発前と帰国後に WBC で体内のセシウムの蓄積量が測られていたが、北海道の「チェルノブイリへのかけはし」[21]（野呂美香氏代表）で保養した子どもたちの減少率が 80％ と最大であったことである。ネストレンコ氏はよほど規則正しく生活し、適切な食事が出されたのだろうと高く評価していた。ちなみに他の国では 30 ～ 50％ であった（ネストレンコ講演：スライド 34）。

　講演の最中に我々は部屋に備えられていた WBC 測定器で体内のセシウムを測ってもらった。日本人は一人がゼロ、残りの 4 人は 10Bq／kg から 20Bq／kg の範囲内だった。ドイツ人は 10Bq／kg 以下だった。日本人が総じて高かったのは福島の影響なのかなと

---

(20) ペクチン剤の効果について疑問を呈する人もいる。ドイツの放射線防護協会会長のプフルークバイル博士は、ペクチンは体内の有益なビタミンなども排出させる作用もあるので勧められないと言っている。元ミュンヘン大学教授のレンクフェルダー氏も有害だとも言っている（リンク 61）。
(21) 同法人は 1992 年から保養を開始し、648 人を受け入れた。現在は福島からの子どもたちを受け入れている。

思った。それでも事故後ずっと福島県内に住んでいるY女さんも20Bq／kgは超えなかった。筆者は日本に行くと魚ばかり食べているが、12.7Bq／kgだった。大人の場合70Bq／kg以上が警戒領域なので、我々は全員問題ない訳だ。子どもは20Bq／kg以上が警戒レベルになっている（参照：バベンコ：45）。

　講演のあと記念写真を撮るために庭に出たので、空間線量を測ったら、0.24μSv／時[22]とベラルーシで筆者が測った中で一番高かった。ネストレンコ所長がそれを見て、この辺は高いですよと言っていた。汚染地図によればミンスクは汚染されていないはずである。記念撮影のごたごたの中で線量が高い理由を聞きそびれてしまった。

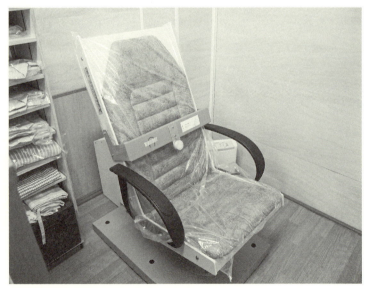

ベラルーシ製のWBC

---

(22) チェルノブイリの汚染地図によれば汚染地域ではない。

I. 6. 移住村スターリ・レペル（4月3日）

　ミンスクから北に向かって 150km ほどバスで走ると、汚染地区から移住してきた人たちの村に着いた。スイスから参加したC女のお兄さん、ディートリッヒ・フォン・ボーデルシュビング氏が、第2次世界大戦中にナチス・ドイツが犯した破壊と人々の被害を調べるために 1990 年に家族でベラルーシを自転車旅行した。その時に放射能被ばくに苦しむベラルーシの人々と知り合ったのがきっかけで、移住者の村を築くプロジェクトを考え出し、実行に移した。後で調べて分かったが、彼女の家族はかの有名なベーテル（てんかん、知的障害、精神疾患を持つ人々が共同で生活できるようにしたドイツ中部の町）を創立したボーデルシュビング家なのだ。お兄さんのディートリッヒさんはプロテスタントの牧師だが、たくさんの自助救済活動を生み出し、コミットしたことで「赤の牧師」として有名だ。ただ支援するのではなくて、問題を自ら解決しようとする人々やグループに入って一緒に成し遂げるのが彼の行動原理だ。

　移住村の建設は、ヨーロッパ中の若者にボランティア活動を呼びかけ、夏休みの間に手作業で家を一軒、一軒と建てている。これまでに 1,500 名もの若者が参加した。資金は寄付によって賄われている。材料は地元で手に入る蘆（すぐとなりにレペル湖があり、その湖畔にたくさん蘆が生えている）と粘土を混ぜて2枚の板の間に注ぎ込む。乾燥すると壁ができ上がる。この粘土の壁は夏は涼しく、冬は熱を逃がさない。この建築方法はすでにドイツで環境にやさしい家の建て方として経験済みだった。移住者の資格は汚染地域出身で子どものいる家族だ。応募してきた家族とじっくり話し合って決める。就労は非常に大事なので、地域内で働き口が見つかるようにする。これまでに 29 軒の家が建てられ、それぞれ家族が住んでい

る。村の真ん中に出会いセンターと診療所がある。昨年移住した家族の住んでいる家を訪ね、中を見せてもらった。お子さんが二人いる三十代半ばのご夫婦で、暖房がよくて住み心地がいいと言っていた。たしかにほんわかとした体を包み込むような暖かさが感じられて、日本のエアコンとは違うねとY女さんと頷き合った。

　もう一つの移住村がデュルシャナヤにあり、そこでは30軒の家が完成している。

I. 7. ダーチャの訪問（4月4日）

　最後の日は、マーシャさんが属しているベラルーシの民俗舞踊の家を訪れ、若者からお年寄りによるベラルーシの民俗舞踊を充分楽しませてもらった。フォークダンスにまで引っ張り出されてしまい、55年ぶりに輪になって踊った。その後は、みなさんが持ち寄った手作りの伝統料理をたっぷりご馳走になった。

　午後にはマーシャさんのダーチャ（小屋つき家庭菜園）にご主人の車で連れて行ってもらった。ミンスクから西北に30kmほど離れた田舎だ。着いてみると、小屋というよりも家が建っている。庭には畑があり、全部で600平方メートル以上と広い。家は二階建てで、部屋が5つもある。ドイツのクライン・ガルテン（市民家庭菜園）を想像していたので、びっくりする。ドイツの場合は250平米から300平米ぐらいが一般的な大きさである。小屋も全面積の10分の1と制限されている。ベラルーシの国土面積は20万平方キロメートルと日本の37万平方キロメートルの半分強だが、人口が940万人と日本の13分の1と少ない上に、山がほとんどなく（海抜345メートルの山が最高地点なのだ）、全国土がほぼ平地なので、ダーチャの広さも我々の常識のレベルを超えているのであろう[23]。

リンゴの木と白樺の木が何本か立っている。この白樺から3月に
ジュースを採ったのだそうだ。もう少し暖かくなると、ジャガイモ
やタマネギなどの作付けを始めるそうだ。このような畑と庭からの
収穫物が一般の家庭の食べ物として家計に重要な貢献をしている。
それからベラルーシの農村や田舎の町で家の庭にこんもりとした小
山があるのに気がつき、聞いてみると食糧の貯蔵用に作られた小山
なのだそうだ。住居の下に地下室を掘るのは大変だが、庭に幅3
メートルから5メートルぐらいの面積に盛り土をして、少し深く地
面を掘れば、中は冬は暖かく、夏は涼しい。一冬中食べられるほど
の食糧が貯蔵できる。一種の自給自足の態勢が古くからしっかりと
根付いているのだ。この自給自足の生活スタイルがチェルノブイリ
の放射能汚染によって悲惨な結果を及ぼすとは事故当時誰も考えな
かっただろう。

　マーシャさんのダーチャで空間線量を測ったところ、雨樋近くの
地面などで0.14μSv／時ほどあったので、畑で採れる作物を一度
ミンスク市の中央市場で測ってもらった方がいいと勧めておいた。
後で彼女が中央市場の市民測定所でタマネギと白樺ジュースを測っ
てもらうと、それぞれ7ベクレルのセシウムが計測されたとの連絡
があった。ベラルーシにおける許容レベル（飲料水：10Bq／kg。
野菜：100Bq／kg）以下だが、お孫さんには食べさせない方がいい
と伝えた。後述するように最も厳しい許容レベルを求めているドイ
ツの放射線防護協会とドイツのIPPNW（核戦争防止国際医師会議）
は、「幼児から青少年に対しては全ての食品に関して4Bq／kg、成
人に対しては8Bq／kgを推奨している（リンク62：29）」からだ。

──────────
(23) 1960年代にフルシチョフ政権が法制化し、最低600平米のダーチャを人民に与え
　　るようにした（リンク21）。

なお測定所の人から「放射能測定のために測定所に測りに来る人は
ほとんどいない」と言われたそうだ。

II

証言

　次にベラルーシで話をしてくれた方々の証言をまとめる。

II. 1. イリナさん（「チェルノブイリの子どもたち」財団の創立メンバー）

　ミンスク教育大学でドイツ語の教授をしていた。チェルノブイリの原発事故については、報道もなかったし、西側には友だちがいなかったから、ほとんど知らなかった。社会主義国家の東ドイツにも知り合いはいなかった。当時は西側の人と交流があれば、スパイの嫌疑を受けたりしたそうだ。1988 年ごろから、チェルノブイリの汚染地域の健康被害について噂が流れてくるようになった。89 年の初頭に夫のゲンナジ・グルシュヴォイ[24]と一緒に汚染地区に調査に行き、被ばく者の悲惨な状況を知る。1989 年の秋にミンスクで集会を催し、被害について報告した。そして当局の無策、無責任を糾弾する。そのため警察やベラルーシの KGB（秘密警察）に取り調べられる。女性たちの人権拡張に活躍する。1994 年にミンス

(24) ゲンナジ・グルシュヴォイ博士：1989 年にチェルノブイリの汚染地区の被ばくについて最初の集会及びデモを行う。同時に自由と民主主義を求めて体制批判をし、逮捕される。1990 年に財団「チェルノブイリの子どもたち」を創立。国会議員に選出される。多くの国際的な人権およびチェルノブイリ支援組織で活躍。2014 年に死去。

ク市内に「希望の庭（世界中から送られてきた果樹が植えられている）」を設立。多くの国際的な人権組織および女性の権利のためのグループで活躍。数年前にドイツに亡命し、ベルリンに住んでいる。4年前に社会に貢献した女性に贈られる「欧州女性賞（リンク46）」を授賞。

Ⅱ. 2. ヴァレンティナさん（70歳半ばの女性）

1986年まで30キロ圏内（チェルノブイリ原発はベラルーシの国境から17キロメートルしか離れていない）に住んでいて学校の教師をしていた。5月半ばに疎開させられたが、まずは数キロメートル先の村だった。8回も引っ越しをさせられた後、やっと1991年に首都ミンスクに建設された汚染地区からの避難民用アパートに入居する。彼女の話によると、汚染地域からの人は農村出身者が多く、アパートに入れても都会生活には馴染めなかった。近所との人間関係もうまく育たず、仕事もなかったりして、村に帰っていってしまった人が多かったそうだ。ミンスクでは汚染地域からの友だちや知り合いと時々会って話をする会があるが、みなさん亡くなってしまい、今は寂しくなってしまったと嘆いていた。最後に福島の皆さんに神のご加護がありますようにと、みんなで手をつないで祈り、お別れをした。

Ⅱ. 3. マーシャさん（「子どもたちに喜びを」財団ボランティア活動家）

4月26日の事故のあと当局は放射能の危険については何の発表もせず、国民は5月1日の労働者の祭典であるメーデーを祝った。

メーデーの前からルニネッツ近くの田舎にある実家に帰り、日中は両親のダーチャで畑仕事をして過ごしていた。当時マーシャさんは妊娠7か月だった。メーデーの後ミンスクに帰り、5月9日の「勝利の日」を祝った。その日は1945年にナチス・ドイツに勝利した日なので、とても大事な祝日だったのだ。つまり、当局としては、当時の体制にとって重要な二つのお祭りを原発事故の暗いニュースでケチを付けたくなかった。ところが、大通りで応急医療相談所が設けられ、妊娠中の女性は相談に来るようにとアナウンスがあったので、行ってみた。すぐ病院に行くように言われたが、その日はお祝いをしたかったので、翌日病院に行った。ただちに血液を採られ、そのまま病院に留め置かれたが、理由は教えてもらえなかった。何人もの妊娠した女性と一緒に2週間病院に滞在した。突然退院してもいいと言われて家に帰った。さらに数週間後に病院から呼び出しが来て、病院に行く。再び血液を採られ、説明がないまま2週間留め置かれた。退院して2日後に気分が悪くなり、病院に行く。流産するが、赤ん坊との対面は許されず、死亡証明書だけを渡された。

　その後市民の間ではチェルノブイリで大きな事故があったとの噂が流れたが、原発とか放射能についてはまったく知らされなかった。それでもヨードの錠剤が身体にいいとか、赤ワインとかウオッカを飲むといいとかの噂も流れ、真に受けた人もいたそうだ。

　1991年にミンスク市の住宅関係の事務の仕事をした。たくさんの人が汚染地域から移住してきたのを覚えている。2005年ごろから「チェルノブイリ子ども財団」でボランティア活動をしている。ドイツ語ができるため、ドイツの市民団体からの招待による子どもの保養グループの引率をしている。毎年夏休みになると、50名の子ども（6歳から12歳）を連れて4週間ドイツのバルト海に古く

からある有名な保養地を訪れている。マーシャさんは、昨年の4月に福島訪問の市民グループの一員として日本を訪れた。福島や東京での連帯交流の場で彼女は自らの体験を語り、さらにベラルーシの民謡を歌ってくれた。

マーシャさんの悩みの種は、一人息子が14歳ぐらいから心臓が悪くなり、それまでサッカー少年だったのが、スポーツができなくなったことだ。食べ物（ダーチャの作物を含む）から内部被ばくを受けたことが病因かもしれないと思うのは、うがちすぎだろうか。セシウムが筋肉に取り付き、心臓の筋肉を弱らせる症状はしばし指摘されている（参照：Ⅲ.11.）。なおマーシャさんは4年前に甲状腺摘出の手術を受けた。

Ⅱ. 4. タマラさん（元ミンスク教育大教授）

1986〜89年当時は放射能汚染の問題よりもペレストロイカなどの政治体制の変化の方に関心があった[25]。長年のスターリン体制（4千万人が犠牲になったともいわれている）の崩壊はミンスクに住む知識人にとってとても重大だった。チェルノブイリの放射能被ばくにより甚大な健康被害が起こっても、回りで人がばたばたと倒れて死んでいく訳でなかった。それとベラルーシの汚染地域は比較的貧しい農村が多い南部に集中していた。彼女がチェルノブイリの悲惨な状況について耳にしたのはモスクワからの新聞情報と西側からの放送による。彼女が財団の活動として初めて子どもたちを引率して保養に行ったのは、1991年だった。ドイツ語が堪能だったの

---

(25) ウクライナの知識人ゴーリンさんも「事故後3年間は、チェルノブイリ事故の情報はひた隠しにされていた〈…〉。それよりも目の前で起きている世界を二分してきた社会主義のリーダー、ソ連ががらがらと音を立てて崩壊していくさまに心を奪われていた。（馬場・山内：46）」と発言している。

で、150 名の子供を引き連れて旧東独のハレを訪れ、一か月ほど滞在した。行きは列車で、帰りは旧ソ連軍の軍用飛行機だった。ハレに駐留していた赤軍の連隊長が便宜を図ってくれたのだそうだ。ドイツが再統一され、東独に駐留していた赤軍がロシアに帰国し始めたころだったのが幸いした。冷戦時代だったらまったく考えられなかった待遇だ。

　タマラさんは今年の 7 月 21 日に亡くなった。享年 75 歳だった。脳腫瘍とのことだった。6 月 20 日にドイツのロットバイルの 3 か国連帯会議でお会いし、再会を約束してから一か月過ぎたばかりだ。会議の最中に時々記憶が薄れることがあり、旅の疲れだろうと言っていたのだが、すでに病魔に襲われていたようだ。チェルノブイリの放射能被ばくのせいだったかもしれない。一人息子を 15 年前にガンで亡くし、放射能被ばくのせいだとチェルノブイリとの悪い因縁を激しい口調で語っていた。

II. 5. ベラルーシの財団「子どもたちに喜びを」（元「チェルノブイリの子どもたち」）

　財団はベラルーシの首都ミンスクにあり、1990 年にゲンナジ・グルシェヴォイ博士によって設立された。

パートナー：

　西側の人権問題や平和を求める多数の組織と協力関係にある。教会組織も含まれている。

活動内容：

　財団は約 70 のチェルノブイリに関する団体と 33 の被災地域青少年団体のネットワークをつないできた。設立以来、国外の団体や都市とベラルーシ内の団体等との間を橋渡しし、数多くのプロジェク

トを実施・支援してきた。

重点活動は、1990年に始まった諸外国での子どもたちの保養である。最初はマハトマ・ガンディー財団の招待によりインドへの保養が実施された。今日までに37万人以上の子どもたちがヨーロッパを中心に世界23か国でプログラムに参加してきた。

1990年には糖尿病の子ども[26]を対象とした支援プログラムを開始し、1991年には糖尿病に関する学校を設立した。

1994年から財団を通じて4,800トン、約10億マルク相当の支援物資が、財団を通じて全世界からベラルーシの病院などへ分配された。

同時期に、ドイツとベラルーシの自治体間の連携も生まれ、20万人の子どもたちや支援を必要としている人、移住した家族などに支援金や物質を届けることができた。

財団の活動は、1994年以来続いているルカシェンコ支配体制の下で現在大幅に縮小されたが、子どもたちの保養や糖尿病の子どもたちのプロジェクトは継続されている。

II.6. 広河隆一氏の『チェルノブイリ報告』による被害の状況

報道写真家の広河隆一氏は1989年の初頭にチェルノブイリ原発事故による住民の放射能被害についての小さな新聞記事を目にすると、いち早く3月にはウクライナ、ベラルーシ、ロシアを訪れた。「1989年3月に私が初めてチェルノブイリの取材に行ったとき、30

---

(26) 放射線被ばくにより子どもたちに糖尿病が発症する。そのため同財団は食生活からインシュリン摂取まで自分で管理できるように子どもたち用の学習コースを実施している。

キロ圏の外にもかかわらず汚染がひどい状況はいっさい秘密になっており、ほとんどジャーナリストの立ち入りは不可能だった（広河：128）」とあるように当時ソ連邦内でもこれらの凄まじい被ばくについての報道はほとんどなかった。禁止されていたからである。報道すると犯罪者扱いされた上に、当局はそのような被害はなく、放射能恐怖症のせいだと決めつけるだけだった。勇敢な広河さんは放射能の恐怖におびえながらも、ガイガー検知器を携えて、チェルノブイリ原発、さらにプリピチャ市と30キロ圏内、さらに30キロ圏外の汚染地域を訪れた。そこで出会ったのは、何も知らされず、不安におびえる住民たちだった。さらに翌年の1990年にも汚染地域を訪れる。そこで見たのは

　　チュジャネ村には、放置されたままの墓があり、土に突き刺す間もなかったと見られる木の十字架が、もたせかけてあった。恐らく葬式の当日に強制的避難が行われたのだと思えた。ここの学校の前はセシウム1500キュリー（150μSv／時＝1.35Sv／年－筆者換算）という途方もない汚染を示している。〈…〉隣りのマリノフカ村では学校の中に入ってみた。〈…〉最後に入った教室では、天井いっぱいに色紙で作った飾りが吊るされているのを見た。聞けばこの村は、昨年の暮れまで、安全だと言われてきたという。（同上：148）

　さらに1991年にも同地域を訪れる。村人が消え去った家々、廃村になった風景が見出される。子どもを亡くし、悲嘆にくれている母親。「86年以来、26人の医師が辞めてチェチェルスクから出て行った。ゴメリ地方からからは320人の医師が去った。医師が全くいなくなった病院もある（同上：173）」。チェルノブイリ事故から3年後、4年後、5年後と人々の窮状を活写している。旧ソ連邦の体

制がいかに国民の命を軽視していたかがよく分かる。そして、無責任体制の下で情報のない人々が無防備に放射能に犯されていったかも下の情景が物語っている。

　　隣りのスターロエシャルノ村の入り口のところにバスの停留所があった。彼女（アンドレーブナ看護婦―筆者）はそこを指して、「あのベンチのところが猛烈に汚染されていることが、つい最近分かったのです。でも事故から5年近くも毎朝、登校する子供たちがあのベンチに腰をかけて、バスを待っていたのですよ」と言った。（同上：162）

　広河隆一氏は1991年に日本で「チェルノブイリ子供財団」を創立し、ベラルーシの保養サナトリウム・ナデジダ21の設立（参照：I.4.）に関わった。さらに同財団は保養のためにチェルノブイリの子供たちを長年にわたって日本に招待した。現在は福島の子供たちの保養のために活躍している。

Ⅲ

専門用語

チェルノブイリとフクシマの放射能被害を理解するために筆者が必要だと思える専門用語をいくつか集めてみた。

Ⅲ. 1. 放射能と放射線と電離作用と放射線被ばく

放射能とは、不安定な原子核がより安定な状態の原子核に変化（崩壊）する際に余分な粒子やエネルギーを放射線として原子核の外へ放出すること（能力）である。放射線（放射能と呼ばれることも多い）は1秒間に崩壊する原子核の個数（単位はベクレル＝Bq）で測られる。放射線にはたくさんの種類があるが、我々生物に害を及ぼすのは電離作用を起すガンマ（γ）線、アルファ（α）線、ベータ（β）線である。

電離作用とは、放射線が飛んできて、ある電子に当たると、放射線の持つエネルギーによって、その電子を軌道からはじき出してしまう作用である。生物世界は我々の身体を含めて分子によって構成されているが、この分子はペアの電子によって作られている。そのため放射線によってこのペア電子の結合が壊されてしまうと、分子が切断されることになる。切断された分子は遺伝子（DNAを媒体とする生物の遺伝情報を担う因子）によって再び結合しようとするが、破壊がひどい場合は結合が不可能になる。ひどくない場合で

も、間違った結合が生じ、ガンや様々な健康障害の原因になる。この現象を放射線被ばくという。

　放射能汚染に関してはベクレルとシーベルトという二つの単位がよく使われる。ベクレルで表示されるのは、放射線を発する源（放射性物質）の強さ（一秒間に崩壊する原子核の数）である。回りに人がいようといまいと関係ない。ところが、シーベルトになると、人が関係してくる。その放射線の到達範囲に人がいるとしよう。その人は放射線を様々な形で吸収して、健康に影響を受ける。つまり、人に到達した放射線の強さを表すのが、シーベルトである。例えば、放射線源が強くても、離れていれば、影響は少ない。反対に線源が弱くても近くならば、影響／被ばくは大きくなる。

III. 2. 放射線の強さの減衰率

　セシウム汚染の場合、放射線の強さは除染しなくても物理的に最初の2年間で6割に、3年間で半分に減る。これにはセシウム134と137の半減期の違いなどが関係している。半減期はそれぞれ2年と30年、量の割合はチェルノブイリの場合1：1.8、フクシマの場合1.2：1である。ということは、セシウム137の量が倍近いチェルノブイリではフクシマに比べて減衰率のカーブが緩やかで、放射能の濃度が長い間低下しない。30年後の2016年でやっと半分にまで減ってくる。しかし、放射能被害に関しては、原発事故による放射性物質の放出直後から2、3年間は放射線量が極めて高いので、その間の対応が決定的に重要である。小出裕章氏も「30年間の被ばく量の半分は事故後5年で受けてしまう。避難するのであれば、最初の5年間が大切なのである（リンク47）」と初期被ばくの回避の重要性を強調している。後でも述べるが、チェルノブイリで事故

後1989年まで30キロ圏内の強制避難を除いて住民に対して対策がほとんどとられなかったのは、その意味で被害をとても大きくしたといえる。事故直後に放出された両セシウムの量を1とすると、フクシマの場合は年を経るに従って表のように減衰していく[27]。

表4　フクシマの放射線の強さの減衰率

経過年数	1	2	3	5	10	20	30	50
減衰率	0.78	0.62	0.51	0.37	0.23	0.17	0.14	0.09

出典：田崎「セシウム134とセシウム137」（リンク6）

　福島県の森林の空間線量率が4年間で6割近く低下したとの県の発表が2015年6月にあった。2011年8月の計測によると、継続調査地点362か所の平均汚染度は0.91μSv／時であったが、2015年3月の計測では0.39μSv／時に減衰していた（リンク48）。森林は除染が困難なので、これまで除染されていない。だから、これらの空間線量率の減少は物理的な減衰によるものと理解していいのかもしれない。

Ⅲ. 3. 空間線量率

　人が放射能によって汚染された空間にいた場合、その人がそこで被ばくするであろう放射線の強さ／量をいう。したがって空間線量率（空間吸収線量率が本来の呼び方だが、空間線量率が一般的になっているので、それに従う）の単位はベクレルではなく、シーベルト（Sv）である。シーベルトの千分の一がミリ・シーベルト（mSv）、さらに千分の一がマイクロ・シーベルト（μSv）である。通常示される値は1時間当たりのマイクロ・シーベルト（μSv）である。地上1メートルの高さでガンマ線の強さを測る。主に地面

(27) チェルノブイリは異なる減衰カーブ。

に沈着した放射性物質から照射される線量を測っているので、地面に近づくに従って強くなる。計測器の向きや数分間の時間の経過でも強さ／量は変化してしまう（詳しくはV.4.を参照）。放射線の強さというと、ある一定のレベルが確固として存在しているように理解されるが、そうではない。ベクレルあるいはシーベルトで表すにしても、その数はある時間内における放射性核種の崩壊の確率的な数値である。

　福島県内では文科省や自治体がモニタリングポストを設置し、計測している。ポストの回りを掃除したり、アスファルトで舗装したりした場合は低い値になる。政府は低い値が出るようにモニタリングポストの立地環境を整備し、発表する傾向があるので、市民団体は独自に計測した値を発表している。空間線量計と呼ばれている計測器は余り高価ではないので、市民も自ら購入し、生活圏の放射線の強さを測ることができる。一般に発表されている放射線の強さ／量はこの空間線量率である。ただし、この数値は実際に人間が被ばくする放射線の総量（実効線量）を表していないので、注意を要する（詳しくはⅢ.5. 外部被ばくを参照）。

Ⅲ. 4. 土壌汚染検査と空間線量率

　V.4. でも述べるが、空間線量率を測るのは放射性物質が浮遊したりするので簡単ではない。そのため土壌中の汚染濃度を測り、ベクレル単位で表す方が確実であるといわれている。だが日本ではほとんどのモニタリングは空間線量率に頼っている。チェルノブイリではその点確実な土壌中の濃度計測（ベクレル単位：Bq）をしている。チェルノブイリ法では、18万5千Bq／㎡を実効線量 1mSv／年としている。これから空間線量率を導き出すには、内部被ばく

が含まれているので、複雑な計測と計算が必要である。

　フクシマの場合、空間線量率と部分的に測られた土壌中の汚染濃度では、大きな食い違いが生じていないようだが、正確なところは現在筆者には確認できていない。

Ⅲ. 5. 外部被ばく

　体の外にある放射性物質から出される放射線を受けて被ばくすること。放射性物質が降雨によって落ちて来る場合もあるし、風や埃によって空中を漂っている場合もあるが、最も多いのは地面に沈着した放射性物質からの被ばくである。外部被ばくは主にガンマ線による。事故から数年経過した場合は、特に半減期が30年と長いセシウム137が外部被ばくの主な放射線源である。セシウムは電磁波であるガンマ線を照射する。「ガンマ線は空気中で70メートルも飛びます。細胞中でもかなり飛んで、人間の体を突き抜けてしまいます。（矢ケ崎『内部被曝』：21）」。ガンマ線は距離の二乗に反比例して線量が弱くなることも知っておくべきだろう。だから、線源から遠ざかることによって外部被ばくを避けることができる。

　正確な外部被ばく量を知るには、まず対象となる場所の空間線量率を測る。さらにそこにおける一日の滞在時間をかける。近くの屋内で滞在する場合は建造物の遮蔽効果による低減係数とその滞在時間を考慮する。最後に365日をかけると年間の外部被ばく量が得られる。低減係数は木造家屋の場合0.4、コンクリートの場合は0.2である。

　外部被ばく量を一度計算してみよう。例えば、空間線量率を日本政府の長期目標である0.23 μ Sv／時にして、屋外の滞在時間を8時間とする。0.23×8＝1.84。そして木造家屋に住んでいるなら、

$0.23 \times 0.4 \times 16 = 1.44$。両方を足すと 3.28μSv／日。さらに 365 をかけると $1,197 \mu$Sv／年になる。ということは、空間線量率が 0.23μSv／時で、1 年間の外部被ばく線量は 1.2mSv になる。

Ⅲ. 6. 内部被ばく

　放射性物質を含む空気、水、食べ物を摂取し、体内に取り込んだ放射性物質から放射線を受けて被ばくすること。24 時間放射されるので、より大きな健康被害を引き起こすとされている。内部被ばくを測るには、通常は体内に取り込まれたセシウムから体外に照射されるガンマ線を WBC で計測する。一般的に「年に 1mSv が実際に許容できる外部被ばくのレベルとされているが、体内のセシウム蓄積量 250 ～ 280Bq／kg がこの 1mSv に相当する（ヤブロコフほか：294）」。

　大人の場合は 70Bq／kg 以上が注意レベルで、200Bq／kg 以上は危険レベルとされ、確率的に健康障害が起きるといわれている。子どもの場合は 20Bq／kg 以上が注意レベルで、50Bq／kg が危険レベルとされている。生殖活動が盛んな 20 代、30 代の男女は 50Bq／kg が注意レベル。

　「大人の場合、食べ物 1 キログラムに含まれる 1000 ベクレルのセシウム 137 を体内に取り込んだら、13μSv になる（今中：18）」。単純計算でいけば、1mSv 被ばくするには 80 キログラム食べなければならないことになる。

　ガンマ線に比べて、アルファ線とベータ線は、到達する距離は 1 ミリ以下と短いが、エネルギー（細胞破壊力）が強いので、こちらの健康被害の方が大きいと主張する専門家[28]が最近増えている。その一人の矢ケ崎氏は次のように述べている。

外部被曝はおもに γ 線による。γ 線は組織を貫く力は強いが、体内で遺伝子に傷をつける頻度は、α 線、β 線に比べて、格段に少ない。これに対して、α 線は、体内で飛ぶ距離は短いが、遺伝子に傷をつける力は非常に大きい。β 線は α 線に比べれば弱いが、γ 線よりははるかに大きな力で遺伝子に傷をつける。α 線と β 線が内部被曝の主役だ。(リンク 15)

さらに詳しく説明すると、「ガンマ線の場合は切断場所がほかの切断場所と離れて孤立していますから、生物学的修復作用により間違いなく元どおりになる可能性も高いのです(矢ケ崎『内部被曝からいのちを守る』:79)」。ところが、「アルファ線やベーター線による内部被曝は、密集して分子切断が行われるので、人体組織への打撃がはるかに大きい(矢ケ崎『内部被曝』:33)」。そのため生物に与える被害の大きさを比べてみると、アルファ線は、ICRP(国際放射線防護委員会)の放射線荷重係数にあるようにガンマ線の 20 倍の影響力を持つと規定されている(参照:同上:33)。

なお半減期が 8 日間と短いヨウ素 131 は「ベータ崩壊による作用として、透過する細胞と最高数ミリメートル離れて突然変異および細胞死を引き起こす。このため、高線量の放射線は時に低線量のものより危険性が少ない。それゆえ甲状腺の組織を破壊する傾向があり、結果としてガンの原因となる(リンク 56)」。つまり、ヨウ素によるベータ線被ばくの場合、時には高線量よりも低線量の方がガンにかかりやすいという常識に反する現象が見られる。

同じような現象を発見したのがカナダの研究者ペトカウ氏で、そ

---

(28) ベルラド研の 2004 年報告書にも「ガンマ線よりもさらに細胞に害を与えるベーター線」と記されている(リンク 33:1 ～ 2)。

のペトカウ効果説によれば、「長時間の低線量放射線被曝の方が短時間の高線量放射線被曝に比べ、はるかに生体組織を破壊する（リンク65）」といわれている。同説によれば、低線量であっても長時間の被ばくが問題なのである。

Ⅲ. 7. 生物学的半減期と預託実効線量

　体内に取り込まれた放射性物質がある期間を経て、新陳代謝によって体外に排出され、半分の量に減るまでの時間をいう。ちなみにセシウム137は100日間である。ストロンチウム90は50年と非常に長い。排出されるまでに人間の身体の各組織に取り付いて、細胞破壊などの悪さをする。WBCで測るガンマ線量は蓄積線量であるから、過去の線量の推移は示されない。

　なお内部被ばくでは多くの場合**預託実効線量**（単位はシーベルト）という概念が用いられている。体内に入った放射性物質は人体の代謝排泄機能か放射性崩壊によって放射能が減衰するまで体内で長期間放射線を出し続ける。そのため将来の被ばく線量も含めて評価し、表したのが預託実効線量である。成人は50年、子どもは70年の期間で計算されている。

Ⅲ. 8. 実効線量

　内部被ばくと外部被ばくという異なる形の被ばくの総量を合わせて表現できる概念／数値をいう。実効線量の数値が同じならば、放射線の違いや被ばくの状態にかかわらず、人体に与える影響（ダメージ）は同じということになる。単位はシーベルト（Sv）。

　ウィキペディアではもう少し詳しく説明してある、

「実効線量とは、放射線被曝による個人の確率的影響（がん、遺伝的影響）のリスクの程度を表す線量概念である。各臓器の受けた放射線の等価線量にその臓器の組織荷重係数をかけた値の総和量として定義される。単位はシーベルト（記号：Sv）が用いられる（リンク10)」と複雑である。

Ⅲ. 9. 空間線量率と実効線量と外部被ばく量

　放射能汚染との関係で最も頻繁に目にする数字は空間線量率だ。モニタリングポストなどで計測されているし、避難基準や除染の際にも目安となる数字だ。実効線量値はウィキペディアの説明にあるように本来は個人の放射線被ばくのリスクの程度を表す数字だ。空間線量率から実効線量値を導き出すには、いろいろな換算係数が考えられる。ある程度正確な実効線量値を出すには、その人の生活する屋外と屋内の空間線量率と滞在時間および毎日の食生活を調べ、さらにその食品の汚染度を計測した上で、計算しなければならない。さらに放射性物質は口から呼吸を通して体内に入ってくる場合もあるし、皮膚を通して被ばくする場合もある。そのため実際にはどうしても推定値になるか、空間線量率にある係数をかけ合わせた大雑把な数値になる。

　環境省の例をみてみよう。政府はまず空間線量率の $0.23\mu\mathrm{Sv}$／時を除染の目標にしている。ということは、一年の空間線量率 $2.01\mathrm{mSv}$ に 0.5（一日の半分を空間線量率が計測された空間で過ごすと見なしている）をかけると実効線量 $1.00\mathrm{mSv}$／年、つまり除染の最終目標値の $1\mathrm{mSv}$／年になる。ただし、環境省では実効線量とはいわないで、外部からの「追加被ばく線量」といっている。その際内部被ばくはゼロと見なしている。追加は自然放射線、つまり

バックグラウンドの線量（地球上の地域によって違うが、1〜3mSv／年（リンク35）に加えてという意味である。ちなみに「日本での自然放射線源からのバックグラウンド被ばくによる80歳での積算線量は、平均で170mSvである（リンク26：60）」。

実効線量は個人の被ばくの度合いを表す量だが、集団に当てはめて表す集団実効線量（集団積算線量ともいう）もある。一人当たりの実効線量を集団の人数分だけ加算したもの。ただし、疫学研究の手段としては使われず、原子炉に起因する社会的リスクを把握するための指標である。

外部被ばく量を測るもう一つの方法は、ガラス線量計をつけて累計線量値を測ることだが、この場合も放射線がどこから照射されるかなどで、値がある程度左右される。その上内部被ばくは含まれていないから、厳密には実効線量値とはいえない。空間線量率と実効線量の違いを明確に認識しないで議論している人が多いという印象を受ける。

Ⅲ.10. 等価線量と実効線量

この二つの関連は前の二つの概念よりさらに複雑だ。等価線量は各組織・臓器の局所的な被ばく線量を表すための概念である。人間の身体の様々な臓器はそれぞれ放射線の吸収率が違う。等価線量を計算するには、臓器吸収線量に放射線荷重係数（ICRP103／2007年（リンク4：31））をかける。γ 線と β 線の放射線荷重係数は1、α 線は20である。ということは、我々が関係する放射線は γ 線なので、吸収線量と等価線量は同じ数値になる。さらに臓器にはそれぞれの組織荷重係数があるので、それをかけるとその臓器の実効線量が出てくる。複数の臓器が被ばくした場合はそれらの被ばく線量

を加えていくと、全身の実効線量になる。単位はシーベルトである。

甲状腺を例に見てみよう。甲状腺の組織荷重係数は 0.04 なので、甲状腺がヨウ素 131 を 25mSv 被ばくしたとすると、1.0mSv の実効線量になる。さらに皮膚の被ばくを加えてみよう。皮膚の荷重係数は 0.01 なので、セシウム 137 を 5mSv 被ばくした場合、0.05mSv になる。両方を加えると 1.05mSv の実効線量になり、この人は 1.05mSv 被ばくしたことになる。皮膚が被ばくすれば、眼も被ばくするだろう。眼の荷重係数は 0.12 だ。だから 5mSv 被ばくすれば、0.6mSv になり、実効線量は全部合わせて 1.65mSv の被ばくとなる。

上記の例をとると、25mSv は臓器吸収線量＝等価線量で、その実効線量は 1.0mSv だが、前者を実効線量と取り違えてしまうと、とても高い被ばく線量になってしまう。

Ⅲ.11. 放射線被ばくが健康に及ぼす影響

ICRP によれば、放射線被ばくによる健康への有害な影響は二つのカテゴリーに分類される。まず「確定的影響」だが、これはある線量値（臓器によって異なるが、多くの場合 1Sv ＝ 1,000mSv がしきい値とされている）を超えて被ばくすると、短期間で被ばくした全員に症状が出る。急性放射線皮膚障害や急性放射線症、白内障などが発症する。

確定的影響の汚染濃度による被ばくは、事故の際に作業をする原発作業員や消防士などに当てはまる。ちなみに日本の原子力施設災害における復旧作業時の許容被ばく線量は、3 月 11 日当時 100mSv、さらに 3 月 15 日に 250mSv に引き上げられた。ところが、UNSCEAR（原子放射線の影響に関する国連科学委員会）の報

告によると、福島第一の事故の際に被ばくした作業員の最高線量は679mSvとなっている（リンク26：138）。参考資料に収めたが、米国では人命救助などの緊急時には500mSv、ドイツでは1Sv（1,000mSv）まで認められている。救助に携わる人にそこまで求めるのは非常に厳しいなと思った。この問題については後で詳しく述べる（参照：V.11.）。

もう一つのカテゴリーの「確率的影響」とは、しきい線量値（これ以下なら安全という線量値）が存在せず、被ばく線量の増加とともに様々な病気の罹患率が確率的に上昇する（直線しきい値なし仮説）。これらの病気は被ばく時あるいは被ばく直後ではなく、ずっと後になってから出てくるので、晩生障害とも呼ばれている。我々一般市民が関わっているのは、100mSv／年以下の低線量被ばくによる確率的影響である。

放射能被ばくによる健康障害の発生には、しきい値はないとICRPでさえもいっている。つまり1mSv／年以下の低線量被ばくでも長期間受けると、ガンも白血病も発症するし、心臓病、目、血管障害、疲れやすさ、免疫力低下などの様々な健康障害を引き起こすことが、多くの専門家によって警告されているし、ウクライナやベラルーシの政府報告書にも述べられている。誰に起きるかは個人差があるので予測できない。

放射性核種の中で最も量が多く、健康問題に影響を及ぼすのはセシウムである。特にセシウム137は半減期が30年と長く、チェルノブイリではまだ半分の放射線量にも減衰していない。つまり、現在でも広範囲に健康被害を及ぼしているのだ。セシウムによる健康被害についてベラルーシ出身のユーリ・バンダジェフスキー博士が1990年代に突然死した408体の子どもを解剖し、重要な医学的発表をしている。それによれば、セシウム137が体内に入ると、心

臓、腎臓、肝臓、副腎、胸郭などに蓄積され、障害を引き起こす。特に心臓の組織障害が認められた。心臓の筋肉はほとんど分裂しないため、セシウム137が多く蓄積され、心筋障害や不整脈などが惹起されやすい。それが子どもの突然死などにつながるのだ（参照：菅谷：189、リンク60）。

Ⅲ.12. 二つの確率：ガンの死亡率

確率的影響について様々な見解があるので、緩やかな数字と厳しい数字を紹介する。

★まず緩やかなICRP（国際放射線防護委員会）の確率：

年間1mSvの実効線量被ばくの場合、10万人のうち5人から6人のガンによる死者が毎年出る[29]。年間5mSvで25人から30人、20mSvになると、100人から120人になる。

★次に低線量被ばくに長年警鐘をならし続けている厳しい見通しのIPPNWの確率：

年間1mSvの実効線量の場合、10万人のうち毎年55人がガンで亡くなる[30]。年間5mSvで275人、20mSvになると、1,100人になる。

このように二つの確率を比べると、その違いは10倍である。

---

[29] 2007年のICRPによる確率計算（ベルリン市民放射能測定所：2）。
　もう一つの計算法では、1年に1mSvの放射線を受けると、一生のうちにガンになる確率は0.000073％増えるとされている。1年に1mSvの放射線を（自然に浴びる線量に加えて）浴びた人が1万4000人いたとすると、1人はそれが原因でガンになるわけだ。

[30] 厳しい方の確率では0.00073％増え、1,400人に一人がガンで亡くなる（同上：2）。

Ⅲ.13. 実効線量の様々な基準値

1mSv／年：

> チェルノブイリ法における自主的避難の基準値。できるだ
> け放射線は被ばくしないようにするべきだが、汚染された
> 地域で生活する場合、この基準値は多くの専門家の間でも
> 実際に我慢できる上限値であるといわれている。日本政府
> も 1mSv／年（0.23μSv／時）を除染によって目指してい
> ると言っているが、福島県およびその周辺地域ではこの数
> 倍も汚染された地域に多数の住民が住んでいる。

5mSv／年：

> チェルノブイリ法における避難及び強制移住の基準値。日
> 本の労災認定基準値[31]。放射線管理区域。

20mSv／年：

> 日本政府による避難の基準値。原発作業員の1年間の平均
> 被ばく量。

50mSv／年：

> 日本政府による原発作業員の1年間の最高被ばく量。

100mSv／年：

> 日本政府筋の専門家が健康障害は起きないと主張している
> 上限値。なおこれ以下の線量被ばくを低線量被ばくとい
> う。原発作業員の5年間の累積被ばく量でもある。

1,000mSv（=1Sv）／年：

> 確定的影響が出る下限値。

---

(31) 原発作業員が白血病に罹患した場合、5mSv／年以上の被ばく量で労災保険が認め
   られる（リンク34）。

IV

チェルノブイリ原発事故の
被害を大きくした原因

IV. 1. 政府の秘密主義及び無責任体制に加えて国民への情報公開がなかった

　チェルノブイリ原発事故に関してソ連型社会主義体制は秘密主義に徹すると同時に無責任体制を決め込んだ。それでも4月26日の事故の翌日には、原発従業員のために原子力発電所の近くに建設されたプリピャチ市の住民（4万5千人）が1,100台のバスで緊急避難させられた。さらに2週間以内に30キロ圏内の住民11万6千人（ウクライナ9万1千人とベラルーシ2万5千人）が避難させられたが、相変わらずその理由は一切告げられなかった。その代わり、3日間避難するだけの持ち物を持って集まれという指令で、バスに乗せられた。

　　疎開の準備をするように一日じゅうラジオが伝えていました。疎開は三日間、そのあいだに洗浄され、検査が終わるんだと。子どもたちは教科書を必ず持っていくようにいわれました。それでも、夫は身分証明書と私たちの結婚写真を書類カバンに入れたんです。私は悪天候にそなえて紗のスカーフを一枚持っていっただけ。（アレクシエービッチ：169）

だが、彼らは再び故郷に戻ることはなかった（リンク8：3）。30キロ圏外では、被ばくを避ける政策はほとんど実施されず（食品規制に関しては後述：Ⅳ.6.2.）、また汚染状況や放射能の恐ろしさは住民に全く知らされなかった。50万人から80万人ともいわれるリクビダートル（主に消防士と兵士からなるチェルノブイリ原発事故処理作業員）にも放射能の及ぼす健康被害についてやはり教えられず、彼らは防護服も着用しないで、爆発で飛び散った高濃度の放射性物質を素手で片づけた。

　　「志願兵諸君、前へ進め！」。全中隊が前進。司令官の前にはモニターテレビがあり、スイッチを入れると原子炉の屋上が映しだされる。黒鉛の破片、溶けたアスファルト。「諸君、あそこに破片が落ちている。かたづけてくれたまえ。それから、ほら、こっちの四角いところに穴をあけてくれ」。時間は40秒か50秒。走っていき、投げすて、ひきかえす。ひとりが担架にいっぱいつめこみ、つぎの者が投げすてた。あそこ、原子炉のなかへ。（アレクシエービッチ：209）

　事故の様子および危険度を知っていたのは少数の共産党幹部、原子力関係者、上部行政関係者だけであった。それでもゴルバチョフ書記長によるペレストロイカにより少しソ連の体制がゆるむなか、被害の規模が広がり、住民の間にも少しずつ知られるようになった。1989年ごろから体制の外にいる知識人やジャーナリストなどから批判が少しずつ出るようになった。ベラルーシで放射能汚染地図が最初に新聞に載せられたのは、1989年2月9日の『ソビエツカヤ・ベラルシア』であった（参照：リンク1）。さらに1か月以上

遅れて3月20日にモスクワの共産党機関紙『プラウダ』にも汚染
地図が掲載された。ソ連邦内で放射能汚染についての発表禁止がゴ
ルバチョフ書記長によって正式に解かれたのは1989年5月28日で
ある。当時は健康被害を受けた人々も放射能についての知識が非常
に少なかった[32]。原発に関してソ連邦内でも安全神話が広がって
いて、誰も原発事故について真剣に取り組んでいなかったし、準備
も全くなされていなかった。

　それに当時の体制下ではチェルノブイリ放射能被害に関する市民
の発言や行動は、体制批判につながり、チェルノブイリ子ども財団
の創立者のグルシェバヤ夫妻の経歴に見られるようにKGBなどに
よる取り締まり、ひいては犯罪者扱いと刑務所入りを覚悟した勇気
と行動力が必要であった。2001年に公開されたウクライナのKGB
の報告を読むと、事故当時KGBが、人々の間に不安が見られるが、
避難命令に従っているなどの報告が逐一なされている様子がわかる
（参照：リンク63）。

　ベルリンで調べて知ったのだが、ベラルーシ（ウクライナも）で
は1986年の事故後に放射能被害の深刻さに鑑みてただちにベラ
ルーシ科学アカデミー・放射線生物学研究所（ミンスク）、放射線
医学研究所（ミンスク）、さらに農業放射能学研究所（ゴメリ）な
どいくつかの研究機関が設立されたが、国民に情報を提供する責任
と義務は感じなかったようだ。

---

(32) 昨年ベラルーシの市民（チェルノブイリ子ども財団の活動家）を福島に案内した
　　が、空間線量計もWBC計測器もはじめて見たと言っていた。今回ベラルーシで
　　出会った何人もの市民からも線量計は自分たちには購入できないし、まずは許可
　　がいると聞いた。WBC検査を受けたこともないとのことであった。

Ⅳ. 2. 事故後 4 年間の汚染状況と被ばく

　ベラルーシでは、前述のようにチェルノブイリ原発事故および放射能汚染と被ばくについて国民には全くといっていいほど知らされず、国民はそれまで通りの生活を続けた。原発から半径 30km の地域では緊急避難（12 万人ほど）が実施されたが、全員が直ちに遠くの安全な非汚染地域へ疎開させられたとはいえない。

　2005 年にウィーンで開催されたチェルノブイリ・フォーラムで発表された避難者の平均外部被ばく量は、20 ～ 30mSv とされている。だが、京都大学の今中哲二氏が行った計算によれば、チェルノブイリの 30km 圏内の住民が避難させられるまでの 1 週間から 10 日間に受けた被ばく量は、180mSv ～ 250mSv と 4 倍から 8 倍もの高い量になっている（リンク 20：5）。つまり、ICRP など政府寄りの医者でも放射能による確率的障害が起きると認めているしきい値 100mSv をはるかに超えている。

　本格的な被ばく対策と住民疎開はソ連邦が崩壊し、国々が独立した後の 1991 年ごろ[33]から始まった。子どもたちの保養にも同じことがいえる。つまり事故後の 4、5 年間（何度もいうようだが、この期間に放射線量は物理学的に半分近くに減る）はチェルノブイリ原発の半径 30km 圏内から疎開させられた住民以外はすさまじい被ばくにさらされていたといえる。そして、食べ物も汚染されたものを食べていた。国民の健康と豊かな生活のために国家は本来あるべきはずなのだが、この 4 年間にわたるソ連邦体制の無作為は国家の犯罪と呼ぶのがふさわしい。

---

(33) ベラルーシでは 1991 年に「チェルノブイリ原発事故被災者に対する社会的保護について」が定められ、被災者の権利と補償が認められた。（リンク 9）

Ⅳ. 3. 被ばくでは外部と内部のどちらの方が被害が大きいのか

　ベラルーシに行く前から、外部と内部（24時間放射線照射）の被ばくでは、どちらがより健康障害を起すのかを知りたいと思っていた。ベルラド放射能安全研究所を訪ね、所長のアレクセイ・ネステレンコ博士（『チェルノブイリ被害の全貌』の著者の一人）の講演後に幸いに質問することができた。博士の答は「非常に簡単に言えば、最初の年は外部が80％、内部が20％、10年後には逆転する。つまり、外部が20％、内部が80％になる」だった。日本でもよく読まれている同研究所の副所長のバベンコ氏の本『自分と子どもを放射能から守るには』では、「被ばくの原因において食べ物が占める割合は、算定方法によって幅がありますが、70％から90％といわれています（バベンコ：20）」と述べられている。

　ちなみにICRPの試算によると、外部被ばくと内部被ばくの割合は1：4となっている。一般人の許容被ばく実効線量の1mSv／年の場合、外部被ばく0.2mSv／年と内部被ばく0.8mSv／年の合計ということになる（参照：リンク66）。どのような条件下でこのような割合が生み出されたのか、よく分からないが、事故直後から数年間のチェルノブイリの被ばく状況なら、妥当のような印象を受ける。

　被ばくの原因として食べ物の占める非常に高い割合は、ベラルーシの伝統的な食生活スタイルと密接な関係があるといえる。前述のダーチャと呼ばれる小屋つきの家庭菜園が昔から普及していて、そこで採れた野菜、さらに森の中のキノコやイチゴなどを採集して食べる生活が一般的であったからである。

　バベンコ氏も、「地元で生産された食品をとることが、内部被ば

くの最大の原因になっています。自家菜園ではそういった（放射能）検査がほとんど行われていないからです（バベンコ：20）」と述べている。このようにして、高濃度に汚染された食べ物を5年間以上も食べ続けていたといえる。実際にはその後も食べ続けていた。後（V.4.）に述べるように驚くほどの内部被ばくはこれらの食生活によってもたらされたに違いない。チェルノブイリの汚染地域の人々にとってさらに運が悪かったのは、事故が4月26日に起きて、最初の年の最も高濃度の放射能汚染が1986年の農産物に吸収され、さらに収穫されたことである。ベラルーシ科学アカデミー・放射能研究所のウラジミール・P・マツコ博士は「1986年の生産物は30kmゾーンを除いてすべて消費にまわされた（リンク9）」、と述べている。つまり、食べてしまったのである。「当時、"クリーンな"農産物の生産についての勧告は充分なものではなかった（同上）」からである。続く87年と88年も「共和国（ベラルーシ共和国—筆者注）は、ソ連に対し肉や畑の産物をめいっぱい供給し続けた（同上）」。

　原発の事故処理に当たっていたエンジニアたちでさえも、「食事はいつも決まりきったものだったため、我々は危険を知りつつも、チェルノブイリ市では豊富にあった野菜や果物を食べていた。郊外では採り放題だった、魚や野生動物の肉も（リンク8：141）。」とそれまで通りの食生活を続けていた。食べるものが豊富でなかった一般住民はいわずもがなであった。事故のあと数年経過し、汚染食物の危険については知っているはずなのに「汚染のひどい農村地帯でも、多くの家庭で事故前と変わらない食文化が営まれている（リンク25：112）」と2003年にボランティア活動のためにベラルーシを訪れた北島理恵さんが嘆いている。

Ⅳ. 4. 放射能漬けの食べ物

　ベラルーシでは、ベルラド研究所が1995年から2010年にかけて40万人の子どもを検査したが、「体内に取り込まれたセシウム137の蓄積量が子どもの70％から90％において、15〜20Bq／kg（年間外部被ばく線量0.1mSvに相当）を超えていることが明らかになった。多くの集落で子どものセシウム137蓄積量は200〜400Bq／kgに達しており、ゴメリ州、ブレスト州には2,000Bq／kgを超える蓄積量の子どもがいた（ヤブロコフほか：256）」。子どもの内部要注意レベルは20Bq／kgとされているから、多くの子どもたちの蓄積量はその10倍から20倍になる訳だ。実効線量に換算すると大人にとっても10〜15mSvに相当。子どもは3〜5倍（参照：ヤブロコフほか：261）も敏感といわれているので、40〜60mSvに相当する。この非常に高い体内被ばくの数値は事故後10年近く経ってからの放射線量である。1986年からの5年間は、放射線減衰率を考慮してみると、これらの3倍から4倍ほどの濃度による被ばくであったことが想像できる。加えて生物学的半減期がセシウム137は100日以内で体内から排出されるということを考えると、ベラルーシの子どもたちは毎日120〜180Bq／kgもの汚染された食べ物を長年にわたって口にしていたことになる。このような放射能漬けの生活では深刻な健康障害が起きるのは当然である。2004年に発表されたベルラド研究所の報告では次のように記されている。

　　チェルノブイリにおける原子力発電所事故から17年たったが、ベラルーシ南部の住人に起きた放射線汚染による被曝は、長期間にわたる放射性同位体の摂取によるものである。ベラルーシ南部の児童から測定されたセシウム137の体内蓄積量の違いは、彼らの食物

源、特に汚染された自家製の牛乳を摂取したことで起きたことが明らかになっている。(リンク33：1)

　ウクライナでも事故後3年間の状況は変わらなかったようである。コロステン市に住むエレーナ・バシンスカヤさんは、「あるものは全て食べていました。だって、医師たちも上の人たちも、被曝した場合の食生活については何も知らなかったのですから。私たちは全く無知のまま、ほぼ3年を過ごし、その間に治療の抵抗期間が過ぎてしまったのです（馬場・山内：73）。」と述べている。

　さらに「大惨事から25年を経たいまなお、多くの人びとが持続する低線量放射能の影響に苦しめられているが、その主因は放射能に汚染された食物の摂取である。（ヤブロコフほか：261）」と状況は変わっていない。いかに内部被ばくが危険かをヤブロコフ氏らは、「ベラルーシ、ウクライナ、ロシアの放射能汚染地域に住む人びとにとってもっとも危険なのは内部被曝である。放射性核種の94%は食物、5%は水、1%は呼吸を介して体内に入るからだ（同上：263）」と警告している。セシウム137の半減期は30年だから、現在やっと半分に減ったにすぎず、これから100年以上も人間を含む生物環境に悪影響を与え続けるのだ。

　さらにショッキングなのは、ヨーロッパ放射線リスク委員会（ECRR）が「内部被曝を外部被曝の平均で600倍の危険として考えるべきだ（矢ケ崎『内部被曝』：34）」と指摘していることだ。

Ⅳ. 5. チェルノブイリ法

　住民の健康被害のあまりの深刻さに驚き、ウクライナおよびベラルーシでは政府が法的整備に取り組み、1991年にチェルノブイリ

IV チェルノブイリ原発事故の被害を大きくした原因　67

法を制定した。その良心的な内容は日本の反原発運動の参加者の間でも高く評価されている。80 年代後半に体制に批判的であったユーリ・シチェルバク医学博士が 1991 年に独立したウクライナ国の環境大臣に就任したことも寄与したようである。チェルノブイリ法の実現に奮闘したシチェルバク博士が移住権の上限値を 1mSv ／年にするか 5mSv ／年にするかの経緯について述べている（参照：リンク 18）。医学的及び経済的な観点から上限値設定を政府内で議論したのだ。1mSv ／年に設定すると、対象地域が大きく拡大され、医療体制の確立、被災者への救済などで必要経費は数倍に跳ね上がる。最終的に良心的かつ医学的な観点から、より適切な 1mSv ／年に落ち着いた。日本の政府内でも同じような議論があったが、日本政府はウクライナ政府とは反対に帰還基準を 5mSv ／年どころか、20mSv ／年にしてしまったのである（参照：VII.1.）。

IV. 6. チェルノブイリ法と日本の避難基準との比較

表 5　チェルノブイリ法と日本の避難基準との比較

	チェルノブイリ法	日　本
義務的避難指示区域	5 ミリシーベルト／年以上 土壌中セシウム 555,000 ベクレル／平方 m 以上	20 ミリシーベルト／年以上
任意避難／移住権	1 ミリシーベルト／年以上（ゾーンで）土壌中セシウム 185,000 ベクレル／平方 m 以上	20 ミリシーベルト／年以上（世帯ごと）
内部被爆の考慮	あり	なし
土壌汚染の考慮	あり	なし

出典：（『「原発事故子ども・被災者支援法」と「避難の権利」』：17）

チェルノブイリ法では

1）住民の平均実効線量 1mSv ／年を国家の介入基準としている。

2）被災者を原発事故作業者、汚染地域からの移住者、汚染地域の住民と規定し、胎児や孫までの子どもを含めるとしている。

3）健康診断は被災者は一生無料で受けられる。

4）実効線量年間 1mSv を越え、5mSv を下回る地域に住む人々に移住権を付与した。住み続けていてもいいが、移住してもいい。この移住権は、もし移住した場合、引越し費用、雇用保障、住宅支援、不動産の補償などの支援を受けることができる権利だ。

5）日本ではなぜ内部被ばくが考慮されないのか、不明である。食品規制が行われているといっても、内部被ばくがゼロということはない。

重箱の隅を突くような疑問かもしれないが、いつの時点で測った数値を基準にするかも重要だ。1991 年といえば、減衰率によれば、すでに 3 分の 2 以下に減っている。逆にいえば、1986 年当時はこれらの空間線量率の倍近かったことになる。それともう一つ気になる数字がある。1mSv／年で土壌中セシウム 185,000 ベクレル／平方 m 以上、5mSv／年で土壌中セシウム 555,000 ベクレル／平方 m 以上となっている。だが、5 倍なら土壌中セシウムは 925,000 ベクレル／平方 m 以上になるはずだが。あるいは反対に 1mSv／年で 111,000 ベクレル／平方 m 以上となるはずである。

なおこの値は実効線量値なので、空間線量率にある係数をかけなければならないが、チェルノブイリ法での変換係数は分からない。常識的に 0.5 をかけてみよう。さらに内部被ばくの係数はチェルノブイリ法では 0.67（次章参照）となっているので，計算してみよう。空間線量率が時間当たり 0.1 μSv の場合、年間で 0.9mSv、それに係数の 0.5 をかけると 0.45mSv。さらに 0.6 mSv（年間線量率 0.9mSv に内部被ばくの係数 0.67 をかける）を足すと、年間実効線

IV　チェルノブイリ原発事故の被害を大きくした原因　69

量が約 1mSv になる。空間線量率が時間当たり 0.1 μSv はとても厳しい基準値だ。これが適用されると、日本では福島県だけでなく、宮城県、茨城県、千葉県、東京都の多くの自治体が汚染地域になり、汚染地域住民の数も 200 万人以上にも達するだろう。ただ、日本の食品規制は相当機能しているので、内部被ばくの係数はもっと低くしてもいいのかもしれないが、具体的には分からない。時間当たり空間線量率が 0.5 μSv なら、年間線量率約 4.5mSv で、年間実効線量 5mSv になる。この値でも被ばく者の数は 100 万人を超えるだろう。これが日本のように年間実効線量 20mSv が帰還の上限値（参照：Ⅶ.1.）となると、空間線量率が年間 18mSv、時間当たり 2 μSv と非常に高くなってしまう。この上限値ならば、除染しなくても福島県内のほとんどの汚染地域で住めることになるが、住民の安全はまったく保証されないし、住民はより大きな不安を抱えながら生きていくことになる。

Ⅳ. 6. 1. チェルノブイリ法における内部被ばく

　上記の表でチェルノブイリ法では、内部被ばくの考慮がされていて、日本ではされてないと記されている。チェルノブイリでは次のように考慮されている。

　　　チェルノブイリでは外部被ばくが 1mSv あれば、内部被ばくもかならず **0.67mSv**（強調—福澤）伴っているという前提のもとに、合計 1.67mSv 被ばくしているとして、国民の被ばく量を計算し、年間被ばく量が 1mSv 以下になるように対策を立てていました。（松崎：29）

　これまで見てきたようにベラルーシ、さらにウクライナもロシア

でも内部被ばくに関するこのような考慮は当然であろう。チェルノブイリの被ばくの主な原因が食品にあるとするバベンコ氏やヤブロコフ氏の発言に従えば、外部被ばくに 0.67 をかけて、加算するだけでは足りず、もっと高い数字をつけ足すのが妥当かもしれない。1990 年以前であったら、ICRP の試算のように 4 倍して加算すると、現実に合致した被ばく量になっただろう。

Ⅳ. 6. 2. 食品規制の基準値

　内部被ばくを防ぐには食べ物をできるだけ口にしないことが大事である。その場合食品の放射能汚染を個人で測るには、百万円以上もする計測器[34]を購入し、何時間も測る必要があるので、無理である。そのため国には計測した上で、基準値を上回る食品は販売停止し、流通させないようにする責任がある。同時に生産者の組織と販売者の組織が自ら計測し、規制する必要がある。次に問題になるのは、基準値の高さである。チェルノブイリ事故直後のソ連のように余りにも高い基準値（参照：次表の TAL-86）では規制しても意味がない。事故当時、さらにその後数年間のチェルノブイリに関する食品の出荷及び流通を規制していた数値を見てみよう。

　まず緊急措置として被ばく限度（事故の 1 年目 10 レム、1987 年5 レム、1988 年 3 レム、1989 年 3 レム、1990 年 0.5 レム：外部被ばくと内部被ばくがそれぞれ 50％ずつ）が決められた。それに基づいてソ連保健省は、1986 年、1988 年、1991 年に食品と飲料水中のセシウム 137 の暫定許容濃度（TAL）を設定した。TAL-88 は、その年にソ連保健省が採用した生涯 35 レム（＝350mSv）のいわゆ

---

(34) 但し、ロシア製の PKC-107 という数万円のガイガーカウンターには食品計測モードがあり、2,000 ベクレル／kg 以上の汚染濃度であれば測定可能だが、計測限界値が高いので実用的とはいえない。

Ⅳ　チェルノブイリ原発事故の被害を大きくした原因　71

る生涯安全概念（一生の間に 350mSv まで被ばくしても安全という
考え）に基づくものであった。

　汚染された３か国の中で最も被害の大きかったベラルーシでは被
害の甚大さに鑑み、1990 年に独自に法律『チェルノブイリ原発事
故被災者の社会的保護について』が立案された。そして、ベラルー

表6　食品中のセシウム 137 とストロンチウム 90 のソ連保健省の暫定許容濃度(TAL)
　　と共和国管理レベル（RCL）

食品名	TAL−86 Bq/kg,l	TAL−88 Bq/kg,l	TAL−91 Bq/kg,l	RCL−90 Bq/kg,l	RCL−92 Bq/kg,l
セシウム 137					
飲　料　水	370	18.5	18.5	18.5	18.5
ミ　ル　ク	370	370	370	185	111
酪 農 製 品	3700	370	370	185	−
粉 ミ ル ク	18500	1850	1850	740	740
バ　タ　ー	7400	1100	1100	370	370
豚　　　肉	3700	1850	740	592	600
牛　　　肉	3700	2960	740	592	600
植　物　油	7400	370	185	185	185
ジャガイモ	3700	740	600	592	−
野菜、果物	3700	740	600	185	185
パ　　　ン	−	370	370	370	185
缶　詰　め	−	740	600	185	−
幼 児 食 品	−	1850	185	37	37
生のキノコ	−	−	1480	370	185
乾燥キノコ	−	11100	7400	3700	3700
お　　　茶	−	−	7400	1850	−
他 の 食 品	−	−	−	592	−
ストロンチウム 90					
飲　料　水	−	−	3.7	0.37	0.37
ミ　ル　ク	−	−	37	3.7	3.7
粉 ミ ル ク	−	−	185	18.5	−
バ　タ　ー	−	−	−	3.7	−
ジャガイモ	−	−	−	−	3.7
幼児用食品	−	−	−	−	1.85

　出典：今中／マツコ「ベラルーシにおける法的取り組みと影響研究の概要」(リンク 9)

シ政府は 1990 年 8 月 1 日から食品と飲料水の許容濃度に関する共和国管理レベル（RCL-90）を施行した。「RCL-90 の基本は、そのレベルの食品と飲料水を摂取し続けても、もっとも被曝が大きいグループでも年間の内部被曝量が 0.17 レムを越えない、という考え方である。RCL-90 ではストロンチウム 90 に関する規制が初めて盛り込まれた（リンク 9）」。

　毎年のように基準値を厳しくしていった経過から、1986 年の事故のあと手に負えないほど健康被害の規模が拡大し、それに多少でも対応しようとする当局の右往左往ぶりが見て取れる。当時のソ連保健省は健康被害をどのように見ていたのか、検討してみよう。

　1 レムは 10mSv に相当するから、ソ連保健省は、86 年 100mSv、87 年 50mSv、88 年 30mSv、89 年 30mSv、90 年 5mSv、つまり 5 年間で 215mSv を被ばく許容限度と見なしていたことになる。そして外部被ばくと内部被ばくが 50％ずつとすると、それぞれ 108mSv となる。5 年間の積算被ばく線量 215mSv を実効線量と見なせば、日本の原発作業員の被ばく許容限度 20mSv ／年、5 年間の 100mSv と比べて倍以上になる。

　それがますます深刻になる健康被害を目の当たりにして、ベラルーシは 1992 年からは食品における放射性物質の許容レベルをドラスティックに下げる。この RCL92 によって「そのレベルの放射能の取り込みにともなう内部被曝が年間 1 ミリシーベルトを越えないように設定された（リンク 9）」のである。外部と内部を 50％ずつとするなら、90 年の年間被ばく許容値 5mSv から一挙に半分以下の 2mSv に下げたのである。

　では、次に現在有効な三か国の食品放射能基準を見てみよう。現行基準と比べると 1986 年から 90 年までのチェルノブイリ被災国の

Ⅳ　チェルノブイリ原発事故の被害を大きくした原因　73

表7　現在の食品放射能基準：放射性セシウム（単位：ベクレル／キログラム）

食　品	ウクライナ (1997年改定)	ベラルーシ (1999年改定)	日　本 (2012年4月 1日改定)	日　本 (改定前)
飲　料　水	2	10	10	200
パ　　　ン	20	40	100	500
ジャガイモ	60	80	100	500
野　　　菜	40	100	100	500
果　　　物	70	40	100	500
肉　　　類	200	180〜500	100	500
魚	150	74	100	500
ミルク・乳製品	100	100	50	500
卵	6(一個)	－	100	500
粉　ミ　ル　ク	500	－	50	500

出典：「日本の新基準とウクライナ・ベラルーシの許容制限値、そして現行理想的な
　　　制限値」（リンク67）

基準が厳密に適用されていたとしても、基準そのものが緩やかすぎ
て内部被ばくを防ぐにはほとんど有効でなかったことが分かる。

　原子炉事故により広範囲に汚染された国のなかで比べてみると、
日本の規制値が全体として一番緩やかである。2011年の基準はベ
ラルーシの1990年の基準より甘い。まったく政府及び政府に関係
する専門家はなんどもベラルーシやウクライナに視察に行きなが
ら、何を学んできたというのだ。本来なら日本は飲料水、パン、
ジャガイモ、野菜、果物、卵を一番厳しいウクライナの基準値まで
下げるべきである。ドイツの「放射線防護協会」はベルリンの市民
測定所としてチェルノブイリ事故以来息長く活動し、内外から高い
評価を得ているが、福島第一の事故後に幼児から青少年に対しては
全ての食品に関して4ベクレル／キログラム、成人に対しては8ベ
クレル／キログラムを推奨している（松崎ほか：29）。ちなみにドイ
ツ政府の規制値は600Bq／kgと驚くほど高い。

Ⅳ. 6. 3. チェルノブイリ法の実施と自主的避難

　チェルノブイリ法では 1 ～ 5mSv／年の汚染地域からは自主的避難の権利があるが、避難しても仕事や住居や生活環境が思ったほどよくなく、戻ってしまった人、あるいは避難を断念した人が多いと聞いている。1990 年の時点で汚染地域には 3 か国で 500 万人近い人々が住んでいた。果たして何万人が避難したのか知りたかったが、正確な数字は残念ながら得られなかった。

　ベラルーシでは、「『避難区域（立ち入り禁止区域）』から 2 万 4,700 人、『退去区域』から 13 万 7,700 人が避難または移住を強いられた。このほか約 20 万人が自主避難した（『ベラルーシ政府報告書』：42）」。ということは、強制退去の 16 万人に加えてさらに 20 万人の住居、仕事の斡旋、社会保障が必要だった。汚染地域に住み続けた 153 万人の住民への医療対策、除染作業、社会保障なども必須であった。総人口 1,000 万人弱の貧乏国で 200 万人、つまり国民の 20％の面倒を見なければならなかった訳だ。これは第 2 次世界大戦でナチス・ドイツに徹底的に破壊されたベラルーシにとって正に国難といおうか、国力を超えた課題だったに違いない。

Ⅳ. 7. ベラルーシとウクライナの対応と西側の疫学的スタンダード

　所謂チェルノブイリ法は両国で成立し、放射能汚染による被ばく者救援の重要なスタンダードになっている。子どもたちのための保養制度、サナトリウムの充実など、見習うべき素晴らしい面がたくさんある。さらにウクライナでは国立記録センターが設立され、2012 年の時点で 236 万 4,538 人の被災者のデータが次のように 5 つのグループに分類されている。

Ⅳ　チェルノブイリ原発事故の被害を大きくした原因　75

1．原発事故の処理作業員　　　　　　31万7157人
2．立ち入り禁止区域からの避難民　　8万1442人
3．低線量汚染地域の住民　　　　　　153万1545人
4．1〜3の人々から生まれた第2世代　31万9322人
5．既に死亡した人　　　　　　　　　11万5072人

（馬場・山内：30）

　この膨大な数の被災者の健康状態を網羅したデータバンクを基に
して執筆された「チェルノブイリ事故から25年／未来のための安
全」と題された「ウクライナ政府報告書」[35]が、2011年のウクライ
ナの首都キエフで開かれた「キエフ国際科学会議」で発表された。
そこでは現在も続いている放射能汚染による被ばく状況が赤裸々に
記されている。それらの障害には白内障、免疫疾患、神経精神疾
患、循環器系疾患（心臓・血管など）、気管支系疾患（肺．呼吸器
など）、消化器系疾患（胃・腸など）がある。ところが西側の医療
関係者は甲状腺疾患以外の放射能による健康障害を認めていない。
　その理由は、「疫学的手法で証明できないことは科学的ではなく、
事実として認めることはできない（馬場・山内：38）」というのだ。
この疫学的手法とは、「ある集団の被曝線量と健康障害との間に統
計的に有意な相関があって、初めて証明されたとする方法のことだ
（同上：38）」。しかしこの条件を満たすには、まず健康障害の起き
る前からの住民の健康に関するデータが完備していなければならな
い。それと被ばく者の受けた放射性核種および線量の個人別の具体
的な数値が必要だが、両方の条件を満たすことは当時のソ連邦体制
の下ではほとんど不可能なことだった。後者のデータは原子炉の巨
大事故になれば、ソ連邦体制下でなくてもきちんとそろえるのが困
難なことはフクシマでも経験している。それに対してウクライナの

(35) 部分的だが、日本語に訳されている（ウクライナ政府報告書：リンク36）。

医療関係者は、

　　西側が要求している疫学的方法による『科学的な証明』は、決し
　て唯一無二のものではなく、あくまで欧米のスタンダードに過ぎな
　い。チェルノブイリ原発事故のような状況では、その手法による証
　明は不可能であり、それを採用できないからといって、『何も起き
　ていない』とすることこそ科学的な態度とは言えず、倫理にもとる
　態度である。(馬場・山内：40)

と反論している。だが、未だもってこれらの健康被害が放射能に
よるものだという因果関係を西側の多くの医療関係者及び国連関係
機関は受け入れてない。日本政府及びそれに通じる医療関係者もか
たくなに認証を拒否している。

　ベラルーシの政府報告書によると、ベラルーシには病気の早期発
見と治療を保証する予防医学的健康保険制度があり、そこでは「140
万人を超える被災者が健康調査を受け、そのうち子どもは21万
2000人を超える。被ばく者登録台帳にはこれまで170万人以上の
データが保存され、そのうち36万人は子どもと未成年者のもので
ある(『ベラルーシ政府報告書』：40)」。

　ベラルーシ政府は1991年後ソ連邦崩壊後の社会的混乱と難しい
経済状況の中で、子どもたちの保養制度を充実させるなど努力をし
たが、1994年に大統領に就任したルカシェンコ氏が2期目、3期目
と大統領として居続けるにつれて、チェルノブイリの被害に対して
の取り組みが疎かになってきた感じは否めない。特にこの傾向は数
年前からベラルーシ北部で原子力発電所建設が始まってから強く
なったそうだ。そしてここ数年チェルノブイリの悲劇はすでに乗り
越えられたとの認識がベラルーシでは広められている[36]。

(36) 『ベラルーシ政府報告書』の帯には「チェルノブイリ事故最大の被災国は、なぜ悲劇を乗り越えられたのか」と過去形で表現されている。それと同報告書では1986年と1990年に総計950万人の甲状腺被ばく線量検査を行ったと書かれている（『ベラルーシ政府報告書』: 23と50）が、ベラルーシの友人たちに問い合わせたところ、数人からそのような検査は受けたことがないという答えが返ってきた。同報告書の内容は鵜呑みにできない。

V

フクシマ

V. 1. 福島第一原子力発電所の事故

　稼働中だった１号から３号までの原子炉は、2011年３月11日の大地震により自動的に運転は停止したが、津波による冠水によって３重（外部電源とディーゼル発電機と蓄電池）の電源が全て失われた。そのため原子炉の冷却ができなくなった。その上に安全神話に頼り切り、訓練を怠ったオペレーターの操作ミスが続いた。ついに発生した崩壊熱により核燃料のメルトダウンが起きた。高まった圧力容器内の圧力を逃がすためのベント開放と建屋内の水素爆発により、多量の放射性物質が大気に放出された。その量の推定値はI.4.3.の表で見られるが、いくつもの推定値があるので、この数字は目安として見て頂きたい。溶けた核燃料のデブリ（溶け落ちた燃料）は圧力容器の底を突き破っている、つまりメルトスルーを起したようだが、圧力容器そのものは破壊されていないと見られている。それもあってか、３つの原子炉がメルトダウンしたにも拘らず、放射性物質の放出量はチェルノブイリに比べて少ない。特にストロンチウムとプルトニウムの量は非常に少ない。

　さらに海に面した原発が事故を起したので、福島第一からの放射性物質の７割から８割が太平洋にフォールアウト（放射性降下物）した、という発表もある（リンク38）。国として利己的だが、日本

人にとってはこれを不幸中の幸いと捉えていいのかもしれない。チェルノブイリでは内陸の原発だったので、広い範囲の地域が汚染された。

さらに天候の加減でプルーム（放射能雲）が東京にもろに向かわず、かすっただけなのも幸いしたといえる。当時の菅直人首相が事故後に極秘裏に作らせた最悪のシナリオでは、半径250キロの避難という結果が出た。それは、「つまり5千万人の避難が必要ということになる（菅：22）」。悪夢であったに違いない。チェルノブイリでは風向きの加減でプルームがモスクワに向かいそうになったので、ソ連軍がベラルーシの上空で人工雨を降らせ、フォールアウトを起させたという説（リンク11）があるが、確かではない。

福島県では3月11日から15日にかけて20キロ圏内から8万5千人が避難した。最大時には15万人以上が避難し、現在も12万人近い住民が故郷に戻れないで避難生活を強いられている。

V. 2. 太平洋の放射能汚染（キール海洋研究所）

2012年7月6日に福島第一からの放射性物質による海洋汚染が太平洋の全面に広がるというキール海洋研究所の発表があった。福島第一から太平洋に降り注いだ放射性物質の量は1986年にチェルノブイリの原発からバルト海に降下した放射性物質の量の3倍と推定されている（リンク30）。いくつかのブログがそれを取り上げ、3年後に毒々しい真っ赤な汚染が太平洋全体に広まっていくというシミュレーションの海図が載せられていた（リンク29）。ところが、この汚染は太平洋の撹拌作用によって希釈され、濃度は薄いという研究所のコメントは無視されてしまった[37]。その上、ドイツ語版

---

(37) キール海洋研究所（リンク30）

には載せられている「最初の汚染海水が3年以内に米国の海岸に達した時には、その（太平洋の—筆者）汚染濃度は、チェルノブイリ原発事故による現在（26年後—筆者）のバルト海の汚染濃度よりも低いだろう。（リンク30)」という文章が英語版では抜けている。

V. 3. 安定ヨウ素剤と甲状腺疾患

　福島第一の事故の後、政府と福島県はチェルノブイリ同様に安定ヨウ素剤をまったく被災地の住民に配らなかった（ポーランド政府は独自の判断で国民に配布した）。福島県のいわき市と三春町は3月12日に独自の判断で配布した。国からは5日も経ってから配るように指示が出たが、その時はすでに10万人近い住民が避難した後だった。安定ヨウ素剤は汚染する直前か2時間以内に服用しないと効果がないといわれている。放射性ヨウ素131は被ばくすると甲状腺に取り込まれ、ガンになりやすい。半減期が8日間と短いために、緊急の対応が求められていたのに、政府の対応が遅れ、フクシマでは出始めに大きく躓いたことになる。日本人は日頃海草類を多く摂取しているので、取り込む率が低いといわれていたが、3年後、4年後の18歳以下の甲状腺ガンの発病数を見ると、この緊急対処ミスが大きく響いているようだ（参照：ふくもと：142）。

　2015年3月現在で30万人弱の18歳以下の若年者が検査を受け、118人に甲状腺疾患の疑いがあり、その内87人が甲状腺ガンと確定した（参照：日経新聞2015年3月30日朝刊）。問題はその因果関係だ。県の健康調査委員会のメンバーは、チェルノブイリでは4年後から増え始めたといい、放射能被ばくとの関係を否定し、すべてスクリーニング効果のせいだと結論づけた。多くの医療関係者が、チェルノブイリの場合はその前から増えていたが、記録されなかっ

ただけだと反論し、福島県の甲状腺疾患の急激な増加は放射線被ばくが原因であると主張している[38]。それに避難地域・中通り・浜通り・会津地方における10万人当たりのガンの疑いの発症率は、避難地域と会津地方は33.5%、中通り37.3%、浜通り41.4%となって汚染度の違いによる差がはっきりと見える。県の健康調査委員会のように全ての甲状腺ガンをスクリーニング効果だと断定するのは、余りにも無茶であろう。

V. 4. 空間線量計を手にして

筆者の経験では空間線量計による計測は前述したように微妙で、一回の計測ではある地点の放射線量を正確に測れたとはいえない。不安定な放射性物質の原子核は核崩壊を繰り返しながら安定した核物質に変化していく。その分裂の際にアルファ線、ガンマ線やベータ線などの放射線を放出するが、どの原子核が分裂するかは分からない。分かるのは推定平均値に過ぎない。同じところで空間線量率を測ったのに10分後には違う値を示す。あるいは計測器の角度を変えただけでも値が違う場合もある。空間線量計を初めて手にし、測り始めたとき、空間線量率は安定した数値ではないという印象を受けた。

2014年4月12日から20日までベラルーシとドイツの市民団体を案内した際に、様々なところで空間線量率を計測したので、とりあえず見て頂きたい。1年間の線量率を求めるには、まず24時間、

„Wenn die ersten Ausläufer in etwa drei Jahren die nordamerikanische Küste erreichen, sollte die Radioaktivität daher bereits unter den Werten liegen, die noch heute infolge der Tschernobyl-Katastrophe in der Ostsee zu finden sind."

(38) 医療問題研究会がきちんとした分析結果を発表している（リンク49）。

さらに365日、つまり8,760をかける。大きな数字なので筆者は、普段は9をかけて近似値を出すようにしている。そして単位はμSv／時からmSv／年にする。単に10倍しても目安にはなる。

例えば線量計で0.12μSv／時が示された場合：

0.12μSv／時×8760=1051.2μSv／年＝1.05mSv／年

簡単な計算：0.12μSv／時×9＝1.08mSv／年

・広島原爆資料館：(被爆した鉄橋破片。70年後でも) 1.9μSv／時
・三春町のフレコンバッグの山：2.5μSv／時（1m離れて）、1.2μSv／時（20m離れて）、1.4μSv／時（40m離れて）
・大熊地区：1.9μSv／時、2.4μSv／時、3.6μSv／時（道路から

空間線量計を手にして
福島県浪江町希望の牧場の近くで計測

1 m山林に入って）

・郡山市：2.4μSv／時（市内のレストラン前のホットスポット）

・福島市渡利地区の個人住居：0.3 〜 0.4μSv／時、溝の中：10μ
Sv／時

・上記の住居の庭に埋められた除染土（地下 1 m）：0.3μSv／時
（地面）：0.4μSv／時（地上 1 m）

・「希望の牧場（浪江町／福島第一より 14km 地点）」：3 〜 4μSv
／時

・「希望の牧場」から出たところのフレコンバッグの山：7.78μ
Sv／時（フレコンバッグの袋に密接）

・千葉県柏市と市川市の個人の庭：0.33μSv／時（ホットスポッ
ト）

・東京都内大崎の個人の庭：0.33μSv／時（ホットスポット）

・飛行機内（1 万m上空）：1.5μSv／時〜 1.9μSv／時

　まず広島の原爆資料館に展示されていた鉄の破片は 70 年後の今
日でも 1.9μSv／時と高い汚染濃度を示していた。減衰率を考える
と、原爆が落とされた当時はこの数十倍の濃度であっただろう。

　ここ数年福島県内ではフレコンバッグ（フレキシブル・コンテ
ナ・バッグ）のグロテスクな黒い山が至る所で見られ、また報道さ
れている。筆者も最初見た時は高濃度の放射線を回りに放射してい
るのかと思い、早速測ってみた。ところが、黒い山から数メートル
離れると放射線は弱くなり、20 メートルも離れれば、三春町の計
測結果が示しているように、フレコンバッグからの放射線の影響は
なくなってしまう。40m 離れた地点でまた強くなっているのは、
そこの地表上のセシウムが新たに放射線源になっているからであ
る。放射線の強さは線源から距離の 2 乗に反比例するという法則が

あるが、その通りだった。ただし、この反対は成り立たない。物理学者の田崎晴明氏が詳しく説明している（参照：リンク41）。

福島市渡利地区で個人のお宅を訪問したところ、ご主人から除染作業員が汚染された庭の土をはぎ取り、フレコンバッグに詰めて、庭に埋めたと伺った。そんな除染方法で大丈夫なのかと思いながら、線量を測ってみたら、地面直接より1m上の方が高かった。同行した方々が筆者より精巧な線量計で測ったが、結果は同じだった。つまり、地中に埋めてしまえば問題ないようだ。ガンマ線はある程度の厚さの土を貫通しないようだ。飯舘村で東京大学の研究グループと「いいたて再生の会」が行った除染の試みでは、「汚染土は素堀りの穴に埋めれば良い。深さ50cmに埋めるだけで放射線量は1/100～1/1000になる！（リンク27：11）」という結果が出ている。ただし、フレコンバッグは耐用年数が4年ほどなので長くは埋

福島県浪江町のフレコンバッグ

めておけない。袋が破れて、地下水と触れるようになれば、地下水が汚染され、問題になる。この福島訪問期間中に計測された最大濃度はこのお宅の庭の前を横切っている溝の中の10μSv／時だった。事故直後に36μSv／時が計測されて、マスコミも押しかけたそうだ。その溝には裏山から水が流れてきて、雨が降る度に濃度が再び上がるそうだ。除染ではなくて、移染でしかないと批判されているが、なるほどと思った。

吉澤正巳さんが頑張っている「希望の牧場[39]」の汚染濃度はやはり一桁違う数値だった。毎年お邪魔しているが、吉澤さんは福島第一の原発が見える牧場で決死の反対運動を進めている。千葉県の柏市や市川市では友人の庭で測ったが、木の陰とか雨樋の近くで高い数字が出た。それと東京都内の大崎のある庭で0.33μSv／時が計測されたのには驚いた。首都圏にはいろんなところにホットスポットがあるようだ。子どもの遊び場などきちんと調べるべきであろう。これらの数値は事故後3年経過したものである。ということは、田崎氏の減衰率に従えば、事故直後は倍以上の汚染濃度であったことになる。

宇宙から放射線が降り注いでいると読んだことがあるので、ドイツに帰る飛行機の中で測ってみた。空港の地上にいる時は0.05μSv／時だったが、1万メートルを超える高さになったら、1.9μSv／時もの高い数値が出たのでやはり驚いた。ドイツの放射線防護関係機関の発表によると、パイロットやフライト乗務員は年間実効線

(39) 吉澤さんは事故前まで福島第一から14kmの地点で和牛を数百頭飼育していた。事故後浪江町は避難区域に入り、牛を殺さなくてはいけなかったが、それはできないと拒否し、高レベルの被ばく状況にもかかわらず300頭ほどの牛たちと一緒に暮している。そして東電と政府を相手に闘っている。4,000Bqぐらい被ばくしているそうだが、訪ねる度に元気だとおっしゃり、意気軒昂だ。牛には被ばくによる影響のせいか白い斑点が皮膚に浮き出てきている。

量 2.3mSv から 2.9mSv の放射能にさらされている（リンク57）。

V. 5. 空間線量率モニタリングポスト

　文部科学省と福島県及び多くの自治体が 3,200 カ所のモニタリングポストで空間線量率を測定し、その数値を発表している。これらの数値に対して意図的に低い数値を出すように操作してあるという批判が出ている。「市民と科学者の内部被曝問題研究会」の調査報告によると、ほとんどのモニタリングポストが遮蔽効果および計測値操作によって、研究会が国際基準で検定済みの手持ち計器で綿密に測った数値より

　１）モニタリングポストの指示値が 90％にしか達しない。つま

モニタリングポスト

り 10％低い数値だ。

2）住民の曝されている放射線量に対してモニタリングポスト値
は半分だ。

と批判している。さらにグリーンピースは 2012 年 10 月 16 日から
19 日までの間に 40 か所のモニタリングポストとその周辺の 5 メー
トルと 10 メートル地点を測ったが、モニタリングポストの方が
75％の地点で低い数値が出たと発表している（リンク 23）。具体的
に数値を比較してみよう。モニタリングポストによる測定値が 40
か所、グリーンピースによるのが 120 か所（一か所のモニタリング
ポストに対して三か所測っている）ある。最低値はモニタリングポ
ストもグリーンピースも同じ 0.08 μSv／時で、最高値はモニタリ
ングポストでは 0.78 μSv／時、グリーンピースでは 0.93 μSv／時
である。15％ほど低く測定されている。チェルノブイリ法による義
務的避難のレベル（5mSv／年）を超えている所が何か所もある。
そのような地域でモニタリングポストの計測値を作為的に低くして
あるのは犯罪的である。公式発表全般に対する不信感を倍加させる
だけであることをしっかりと政府およびその関係者に分からせなけ
ればならない。同時にいかに市民サイドの監視が必要であるかが分
かる。

V. 6. 福島市の空間線量率：2011年 8 月18日と 2015 年 10 月 25 日

グリーンピースは定期的に福島県の様々な場所で空間線量率を
測っている。県下で最も人口の多い福島市（約 30 万人）の 2011 年
の 8 月と 2015 年の 10 月のデータを見てみよう。この 4 年間どの程
度の線量率の下で市民が生活してきたかが分かる。それと自然減衰

と除染により線量率が本当に下がったのかも分かる。

　2011 年 8 月 18 日（リンク 68）

計測地点は 64 地点。平均値は 1.11μSv／時。最高値は 2.0μSv／時。最低値は 0.038μSv／時である。

　平均値は 1.11μSv／時ということなので、外部被ばくによる実効線量値を計算してみよう。1.11μSv に 8 時間で 8.88μSv、さらに屋内ということで 1.11μSv に家屋遮蔽効果による低減係数の 0.4 と 16 時間をかけると 7.14μSv になる。両方を足した上に、365 日をかけると年間 5,847.3μSv、つまり 5.8mSv となり、チェルノブイリ法に従えば、5mSv／年を超えているので、全市民に避難義務が生じる。内部被ばくが全く考慮されていない上に、この線量率は事故後 5 か月以上経過した数値である。事故直後はもちろんもっと高かったはずである。大人はさることながら、子どもたちの疎開は一時的にでも絶対必要だったといえる。

　チェルノブイリ法の場合実施されたのは 1991 年から、つまり事故後 5 年後であると思われるので、イメージとして関連づけるために福島市の 4 年半後の数値を見てみよう。

　2015 年 10 月 25 日（リンク 69）

計測地点は 1,502 地点。平均値は 0.1μSv／時。最高値 0.4μSv／時。最低値 0.04μSv／時。89％の地点が 0.23μSv／時以下。11％が 0.23μSv／時から 0.4μSv／時の間。

ということは、平均値だけ取り上げれば、ほぼ十分の一に下がっている訳だ。そして年間実効線量は 0.53mSv で、一応許容できる限界値といわれている 1mSv／年に達しない。最高値が 0.4μSv／時でも、4 年前の平均値の半分以下に減っていることになる。この線

量ならば、市民の避難は必要ないといえる。後はホットスポットの存在を探して、見つかれば個々の避難が必要になる。

だがここで安心してはいけない。長期にわたる低線量被ばくに関してはペトカウ効果説がある。この説が正しいかどうか議論がわかれているが、とにかく福島県の被ばく者の健康調査はこれから何十年も丁寧に続け、対処していかなければならない。

V. 7. フクシマの外部被ばく

福島県が 2012 年と 2013 年の個人線量計（ガラスバッジ）による外部被ばく線量の測定結果を発表しているので、これらも見てみよう。いずれも 3 か月の線量値を 4 倍して 1 年に換算してある。表8、9、10 の数値を見る限り深刻な被ばくは受けていないようだ。

これらの数字に対しても批判がある。配布されたガラスバッジが原発作業員用のもので、放射線が前方から放射されることを想定されているが、市民の場合は、地面から、すなわち下からの放射線が多いので、60％から 70％の低い数値しか示されていない（参照：『週刊朝日』2015 年 2 月 6 日号）。ところが、このガラスバッジを福島県に収めた千代田テクノル（株）は、放射線がどこから来るかは関係なく、個人線量当量と周辺線量当量は一般的に 30 ～ 40％の違いが出てくる上に、これは国際的に認められている（リンク 42）と反論している。どちらが正しいか、分からない。

UNSCEAR の推定では、「福島県内では、20km 圏内の避難区域に一部がかかる行政区画（南相馬市）と地表での沈着密度が高い行政区画（福島市、二本松市、桑折町、大玉村、郡山市、本宮市、伊達市）において、避難しなかった人としては最大の推定実効線量が得られ、事故直後 1 年間における成人の行政区画平均実効線量は

V フクシマ 91

表8 2012年の浜通り

測定期間	対象	測定数	年間個人線量・平均・mSv
2012年7月～9月	乳幼児から中学生・妊婦	4135	0.4
2012年6月～8月	18歳以下	3265	0.7
2012年9月～11月	18歳以下	3225	0.7
2012年9月～11月	中学生以下	439	0.1

出典：復興庁「放射線リスクに関する基礎的情報」より／バックグラウンド線量は除く（リンク43）

表9 2012年の中通り

測定期間	対象	測定数	年間個人線量・平均・mSv
2012年11月～2013年1月	中学生以下	16223	0.6
2012年5月～7月	未就学児童	7847	1.0
2012年7月～9月	未就学児童	11450	0.7
2012年9月～11月	未就学児童	11429	0.6

出典：復興庁「放射線リスクに関する基礎的情報」より／バックグラウンド線量は除く（リンク43）

表10 2013年の測定（福島市の15歳以下の児童）

ミリシーベルト	人数（人）	割合（%）
1.5以上	0	0
1.0以上1.5未満	3	0.03
0.5以上1.0未満	63	0.6
0.1以上0.5未満	7759	76.8
0.1未満	2275	22.5
合　計	10100	100

出典：福島市役所より（リンク43）

2.5～4.3mSvの範囲であった。（リンク26：番号92）」となっている。だが「1歳の幼児における事故直後1年目の平均実効線量は、成人の平均実効線量の2倍以内（同上：番号92）」と推定されている。これらの乳幼児に対する保養を含めた医療対策は緊急に必要である。

その上例外地域もある。例えば飯舘村は全く行政からの警告も指導もなく、京都大学の今中教授グループが3月28日（事故後2週間以上経過）に放射線量を測定し、びっくりするほどの高濃度の汚染状況（ある地点では30μSv／時＝270mSv／年）にあることを教えるまで、普段通りに暮していた（今中：64）。それどころか、事故直後海岸沿いの浜通り地域から避難してきた人々を村で受け入れ、炊き出しをしたりして救援活動をしていたのである。浜通りの方が放射線量が低かったという話も聞いた。ちなみに京都大学には研究用の原子炉があり、20μSv／時以上では高放射線量区域になっていて、普段は立ち入り禁止区域になっている（同上：64）。

V. 8. フクシマの内部被ばく

福島県及び多くの自治体がモニタリングポストによる空間線量率に加えてWBC検査によるガンマ線によるセシウムの体内蓄積量を発表している。相馬市のWBC検査報告によれば（リンク2）、一人も要注意レベル（大人70Bq／kg、子ども20Bq／kg）を超えた人はいないとのことだ。ほんの数名の大人が10Bqから20Bqに達している。さらに行政の大きなミスのせいで最初逃げ遅れた飯舘村も自らWBC測定器を購入し、検査を行っている（リンク24）。2012年と2013年の結果（ベクレルからシーベルトに換算）では、90％以上の人が0.1mSv以下で、一人として1mSv（250〜280Bq／kg）以上を検出された人はいないとのことである。

フクシマの場合は最初の数週間、あるいは2か月ほどは混乱があったかもしれないが、多くの食品は検査を受けて、2011年の基準はクリアしていた。2012年の4月1日からは日本の基準は厳しくなり、部分的に現在のチェルノブイリの基準と同じになった。そ

れとチェルノブイリとの大きな違いは、たくさんの市民が自ら線量計を購入し、空間線量を測っていることである。さらに市民が市民測定所を設立し、食べ物の汚染状況を測っていることである。出荷する団体も自主的にある程度は測定している。測定方法などについて批判もあるようだが、測定値が数倍になるようなシステマチックな数値の操作などについては、これまで報道されていない。

ウクライナのヤブロコフ氏らも、「地域レベルで放射能モニタリング（監視）の力をつけ、市民が必要な情報や手段にアクセスしたり、みずから地元産の食物をチェックして放射線防護の取り組みに積極的に参加したりできるようにすることが、何にも増して重要だ（ヤブロコフほか：245）」と市民参加による放射線防護の重要性を強調している。

V. 9. フクシマの食品検査

放射能被ばくにとって決定的に重要である内部被ばくを防ぐにはきちんとした食品検査が必須である。出荷側の団体もコントロールしているが、ここではスーパーマーケットなどに出回っている商品としての食品を検査しているグリーンピースのサイト「シルベク（放射能測定室）」を見てみよう。政府の許容値は、魚や米は1キログラム当たり100Bq、ベビーフードは50Bqになっている。

第1回調査（2011年10月20日発表）

魚の60サンプル中34のサンプルからセシウムが検出される。最も高い汚染濃度の魚はワカサギで88Bq、次にブリの60Bq。多くは25Bqから30Bq。サケ、サンマからは検出されず。

第2回調査（2011年11月17日発表）

魚の75サンプル中27のサンプルにセシウムが検出される。最

も高いのはマダラの 45Bq。他はほとんど 20Bq 以下。マグロ
やカツオからも検出。

第 3 回調査（2011 年 12 月 14 日発表）

魚の 75 サンプル中 5 サンプルにセシウムが検出される。最も
高いのはワカサギの 57Bq。次にアンコウの 16Bq。他はほとん
ど ND（Not Detected：検出されず）。

第 4 回調査（2012 年 02 月 29 日発表）

魚の 30 サンプル中 7 サンプルからセシウム検出。最も高かっ
たのは 14.8Bq のスケソウダラ。

ベビーフード 35 サンプル中 2 サンプルから 1Bq 検出。

第 5 回調査（2012 年 04 月 02 日発表）

魚の缶詰めは 35 サンプル中 3 サンプルにそれぞれ 3Bq と 4Bq
セシウム検出。

牛乳は 30 サンプル中 29 サンプル ND。一つに 4.3Bq 検出。

第 6 回調査（2012 年 07 月 18 日発表）

魚は 16 サンプル中 4 サンプルに 3.8Bq から 7.6Bq のセシウム
が検出される。他は ND。

米は 35 サンプル中すべて ND。産地は東日本に限定。

回転寿司では 20 サンプル中 19ND。一つに 5.5Bq セシウム検
出。

第 7 回調査（2012 年 09 月 07 日発表）

回転寿司では 20 サンプル中 19ND。一つに 4.1Bq セシウム検
出。

第 8 回調査（2012 年 10 月 25 日発表）

魚 20 サンプル中 1 サンプルに 14.7Bq のセシウムが検出され
る。他は ND。

第 9 回調査（2012 年 11 月 22 日発表）

魚 25 サンプル中 3 サンプルに最大 16.9Bq のセシウムが検出される。他は ND。

第 10 回調査（2012 年 12 月 07 日発表）

魚 25 サンプル中 3 サンプルに最大 78Bq のセシウムが検出される。他は ND。

第 11 回調査（2013 年 01 月 18 日発表）

魚 15 サンプル中全て ND。

第 12 回調査（2013 年 03 月 29 日発表）

魚 30 サンプル中 1 サンプルにセシウムが 2.64Bq 検出される。他は ND。

第 13 回調査（2013 年 04 月 23 日発表）

魚 30 サンプル中 2 サンプルに 7.4Bq と 5.5Bq のセシウムが検出される。他は ND。

（リンク 58）

　このグリーンピースの検査結果を見て、驚いたことは、2 年間という短い期間で魚の汚染濃度がぐっと下がっていることである。キール海洋研究所の予想通り、巨大な太平洋の希釈作用によって放射能が薄められた結果なのだろうか。福島第一から漏れている放射能汚染水は影響していないのだろうか。よく分からない。お米も東日本の産地からの商品を選んで、検査したと記されているが、福島産（会津、棚倉、大沼郡）も入っている。全ての食品を検査することはできないだろうが、13 回の検査中一つのサンプルも政府許容基準の 100Bq／kg を超えたものがないという結果を見る限り、規制が行き届いている印象を受ける。

　2013 年の 4 月 23 日以降の検査は同サイトで発表されていない。あるいは行っていないのかもしれない。ほとんどの食品におけるセ

シウムの量が検出限界値以下になってしまい、計測する意義を失ったのかもしれない。他の市民放射能測定所でも検出される値が下がるに従って、食品を持ち込む市民も少なくなり、やり甲斐がなくなったという声を聞いたことがある。気を落とさないで続けてほしいものだ。突然の変化があるかもしれない。農林水産省は多くの食品の検査を続けている。

　すでに述べたようにドイツのNPO「放射線防護協会」は、幼児から青少年に対しては全ての食品に関して４ベクレル／キログラム、成人に対しては８ベクレル／キログラムを推奨している。この基準に従えば、事故直後の食品は政府の基準値は下回っていたが、同協会の基準値をはるかに超えていた。特に子どもには食べさせたくない食品がたくさんあった。

　その上、生物濃縮の問題がある。小さな魚が少し汚染されている。たくさんの小さな魚が大きな魚に食べられると、体内汚染度が高まっていく。つまり、食物連鎖によって濃縮されていくという現象だ。水俣病などの水銀汚染では証明されている。はたして、放射能でも同じ現象が起きるのか。起きるという学者もいるし[40]、起きないという学者もいる。どちらを信ずるべきか。とにかく、マグロなどの大きな魚の汚染度を正確に測定して、発表してほしい。

---

(40) ベルリンで先日チェルノブイリ関係の会合があり、そこでドイツのIPPNWの医者と話す機会があった。現在ほとんどの日本人は太平洋の魚を食べているというと、現在の魚の汚染度は低いかもしれないが、生物濃縮によって５年後、10年後に大規模な健康被害が起きるだろうと言っていた。これまで調べた限りではそうならないと思うが、確信はない。ちなみに筆者は魚が大好きなので、日本で滞在する度に目一杯魚を食べている。年も年だし。

V.10. 空間線量率に目が行き過ぎているのでは

　フクシマの被ばく問題に関して、余りにも空間線量率に目がいき過ぎているように思われる。チェルノブイリの被ばくによる健康被害は、これまで述べたように内部被ばくによる影響が決定的に大きいといわれている。ネストレンコ氏らは事故から10年以上経ても食品による内部被ばくを具体的な数字を上げて警告している。日本の何人かの専門家（矢ケ崎克馬氏や松井英介氏など）も同じような警告を発している。空間線量率は個人でも簡単に測れる一番測りやすい放射線汚染度であるため、注目されがちだが、より危険なのは内部被ばくである。もちろん空間線量率が高い汚染地域では皮膚の被ばくがあるし、口からも放射性物質が入るから、被ばくの危険があるが、とにかく食べ物にさえ気をつければ、内部被ばく、ひいては被ばくそのものを相当避けることができると思われる。だから関係者は手を緩めないで、食品検査と規制を続けてほしいし、医療関係者もセシウムの体内蓄積量の検査を続けてほしい。もちろん大事なのは、汚染地域に住んでいる方々自身が注意を怠らないことであろう。

V.11. 100mSv か 500mSv か（後で分かったこと）

　福島第一では3重の電源喪失の後、原子炉の冷却ができないまま、原子炉内の温度と圧力が高まった。2011年3月12日にディーゼル発電機が外から持ち込まれ、電源として機能し始める寸前まで作業が進んだ。同じ頃、決死隊が圧力容器内の圧力を下げるためにベントを手動で開けようとしていた。外からポンプで水を入れようとするが、圧力容器内の圧力が高いために入らないのだ。水が入ら

ないと、燃料棒の冷却ができない。空間線量率がどんどん上がる中、ベントの決死隊が格納容器に近づく。だが途中の積算被ばく線量が100mSvに近くなり（95mSvと89mSv）、戻ってきてしまう。「決死隊の作業を遮った壁は、法定の被ばく限度の100ミリシーベルトであった。当時100ミリシーベルトを超えては、作業ができなかったのである（NHK『福島第一原発事故7つの謎』：82）」。日本の災害緊急作業基準では100mSvが限界値になっているからだ（参照：Ⅸ参考資料）。電源がつながる直前になっていたが、ベント作業がもたもたしている間に、結局水素爆発が起きてしまう。電源接続作業は中止され、さらに撤退の憂き目に遭う。もし緊急事態の許容放射線量が米国やドイツの防護規則のように250mSvあるいは500mSv（ドイツでは1Sv）まで許されていたら（参照：Ⅸ参考資料）、もっと長く、現場に残ることができたら、ベント作業が成功し、水素爆発に至らなかったかもしれない。そしてもう少しで成功しそうになっていた電源接続がうまくいっていたかもしれないのだ。すると2号機と3号機の爆発は起きなかったかもしれないのだ。そして大規模な汚染は防げたかもしれないのだ。東電を含む原子力専門家と行政と政治家は安全神話の上にあぐらをかいて、世界の緊急作業員の被ばく限度のスタンダードからも取り残されていたのだ。当時吉田所長は欧米では250mSvあるいは500mSvが許容限界値であることを知っていたら、無理をしてでも作業員の方々に「悪いけど100mSv無視してくれ。おれも遅かれ早かれ行くからな」と頼んだであろうか。多くの作業員は生きて福島第一の敷地から出られるとは思っていなかったのだから、不可能ではなかったと思う。

　さらに驚くべきことには、日本の災害復旧作業者ガイドラインには、ドイツや米国で設定されている「人命救助と多数の住民を救う

ときの作業」には 250mSv あるいは 500mSv の被ばく線量を覚悟するようにという条項がないどころか、「人命救助と多数の住民を救うときの作業」という条項そのものがないのだ。「公共の利益に関わる重要な資産を守る為の作業」の条項しかないのだ（参照：IX 参考資料）。

　これだけでもいかに人の命を軽視していたかが分かる。だが逆に考えれば、皮肉にしかならないが、国と東電は福島第一で働いていた東電や関連企業の従業員の命と健康を守ることには必死だったともいえる、と誉めるべきなのだろうか。外の何十万人あるいは何百万人という住民の健康と命は考えないで。

Ⅵ

結論

チェルノブイリとフクシマを比べてみよう。

1）原発事故による放射性物質の放出量ではヨウ素とセシウムに関しては数倍の差でフクシマの方が少ない。ストロンチウムとプルトニウムでは数千倍の違いがある。

2）フクシマでは放射性物質の半分以上が太平洋にフォールアウトした。チェルノブイリではウクライナ、ベラルーシ、ロシアの国土に大方の放射性物質が降り注いだ。

3）チェルノブイリではソ連邦及び政府の秘密主義のため放射能の恐ろしさが4年から5年の間国民には知らされなかった。そのため放射能が最も強い期間に汚染された環境で生活し、さらに汚染された食品を食べ続けた。その結果外部被ばくと内部被ばくをもろに受けた。特に内部被ばくによる健康被害が決定的に大きかったといわれている。

4）フクシマでは最初の数週間から場所によっては数ヶ月の混乱があった。この期間におけるヨウ素 131 による被ばくは半減期が 8 日間と短いために、相当の被ばくが予想される。フクシマにおける若年者の甲状腺健康障害はその結果と思われる。その後は汚染濃度の高い地域から住民が避難し、食品はほとんど規制されるようになった（参照：リンク 13）。政府の情報公開には不手際が多かったが、マスコミや市民による情報の拡散が政府と東電による

情報不足と隠蔽を相当部分補った。さらに重要だったのは、チェルノブイリとフクシマの地域住民の放射能に関する知識の違いだった。知らなければ防ぐことができない。

　結論をいう前に断っておきたいことがある。本稿の出発点は、チェルノブイリで起きたような大規模で恐ろしい健康被害がフクシマで起きたら、どうしようという恐怖であった。そこでベラルーシ訪問を契機にしてチェルノブイリの原発事故とその後の経過を振り返ってみた。そして、なぜチェルノブイリでは想像を絶するような大規模の健康被害が起きたのかがある程度分かった。フクシマについても調べてみた。本来なら、この二つの事故は 3）に述べた理由で比較できないと思われるが、あえて比較してみよう。

　結論をいうと、放射能汚染による健康被害は、フクシマの場合チェルノブイリの規模には達しないだろう。だが筆者にはどの程度の規模になるかは分からない。十分の一なのか、あるいはもっと少ないのか。

　試算をしてみよう。放射性物質の放出量は、ヨウ素 131 では 10 倍以上、セシウム 137 の放出量は 5 倍以上の開きがある。UNSCEAR の 2013 年 12 月の報告では、「福島第一原発から放出されたこれらの放射性核種、すなわち 131I と 137Cs の推定放出量は、それぞれチェルノブイリ事故における推定放出量のおよそ 10％と 20％であった（リンク 26：番号 43）」となっている。さらに半分ほどが太平洋にフォールアウトしたようだ。UNSCEAR も同様の推定をしている。

　　大気中への放出量が最も多かった期間中（すなわち 2011 年 3 月12 日から同 4 月の初めまで）のかなりの部分において、風は海の方

向に吹いていた。Kobayashi et al. は、131I と 137Cs の大気中への総放出量について、それぞれ約 50％と 60％が海洋上に沈着したと推定している。(リンク 26：番号 50)

さらに放射能の減衰率によれば、フクシマの場合セシウム 134 と 137 の放出量の比が 1.2（ほぼ 1 対 1）なので、0.55（1 対 2 で半減期の長いセシウム 137 の量が倍である）のチェルノブイリに比べて早く減衰する（参照：Ⅲ.2.）。総被ばく線量の差は十倍以上になるだろう。これらの要素を全て考慮すると、最初の 5 年間におけるチェルノブイリの汚染規模はフクシマに比べて少なくても数十倍以上であったということになる。では、フクシマではチェルノブイリの健康被害に比べて数十分の 1 になるのかというと、低線量被ばくに関してよく分かっていないから、それはいえない。ちなみに UNSCEAR の 2013 年 12 月の報告では、「福島第一原発事故後の生涯被ばくによる日本の住民の集団実効線量は、チェルノブイリ事故後に被ばくした欧州住民の集団実効線量の約 10％から 15％である。同様に、集団甲状腺吸収線量はチェルノブイリ事故における集団甲状腺吸収線量の約 5％であった。(リンク 26：番号 108)」となっている[41]。

しかし、それでもフクシマの放射線による被ばく及びその影響は人々の健康にとっても社会にとっても甚大な被害なのである。15万人以上の人が生活基盤を奪われ、故郷を喪失した。さらに 100 万人以上の人が低線量被ばくにさらされ、その不安と闘いながら生きている。その状態はこれから何十年あるいは 100 年も続くのである。

---

[41] だが同機関によるチェルノブイリとフクシマの事故後 1 年間の実効線量値が同じレベルだという報告があるのを記憶に留めておくべきだろう（参照：リンク 70：8）。

Ⅶ
日本の問題と課題

　フクシマの放射能による健康被害は、何度も繰り返すが、チェルノブイリの被害規模に比べて、相当少ないだろうと予想した。だが、日本では1991年以降のウクライナやベラルーシに比べて充分な対応がなされていず、次のような問題が山積している。

1）最も被害の大きい集団である子どもたちの被ばく対策に国がほとんど取り組んでいない。
2）放射能汚染は広範囲に広がっているのに福島県民だけの健康調査になっている。
3）空間線量だけを計測して、土壌中の汚染を測っていない。
4）自主避難／移住の権利が認められていない。
5）長期的な健康対策がない。青少年の尿による正確な内部被ばく検査が行われていない。
6）帰還政策ばかりを急いで進め、予想される健康被害を無視あるいは軽視している。
7）除染と帰還政策に地域住民の声が取り上げられていない。
8）東電と国は被災者の方々にきちんと補償をしていない。
9）政府寄りの専門家だけが委員会に招集されていて、市民の声はまったく反映されない。
10）2012年に「原発事故子ども・被災者支援法」が全国会議員の

立法で法制化されたが、それに肉付けをする基本法の段階で、骨抜きにされてしまい、具体的な支援のためにまったく役に立っていない。

11）福島第一からは相変わらず汚染水が海に垂れ流しされている。そして、放射性物質は大気中に放出されている。それらの量は明確ではない上に、福島第一の4基の原子炉は水素爆発によって大きく破壊されているので、廃炉までの過程で大事故が起きるかもしれない。政府は民間企業の東電に丸投げしないで、自ら責任を持って取り組むべきだ。

　これらの山積する問題の中で、もっとも緊急の課題は、同じ実効線量で成人の3倍以上も敏感に反応し、被ばくの被害が大きい子どもたちの健康被害を少なくすることである。つまり、ベラルーシの子どもの保養プログラムを見習って、日本でも数週間に亘って子どもたちを保養に送り出す制度を作るべきだ。だが、国の対応はまったくはかばかしくない。本来なら2011年3月時点で半年間学校を休ませ、疎開させるべきであった。そして同時に保養制度を整備すべきであった。100mSv以下の被ばくでは健康障害は起きないと言い張って、政府に助言している医療専門家は医者としての倫理観をまったく持っていないのだろうか。市民サイドで子どもの保養プログラムを企画し、実行しているが、限りがある。国への働きかけをもっと強めなくてはいけない。

　さらに食品の規制もウクライナの基準に改正して、規制すべきである。繰り返すようだが、市民による放射能の測定も続けて、国や公の機関の測定をチェックしなければならない。

Ⅶ. 1. 緊急時被ばく状況と現存被ばく状況

ICRP では原発事故などの緊急時には実効線量率 20mSv ／年〜100mSv ／年の間で避難などの対策を決めるように、平常へ移行する現存被ばく状況、つまり復旧時の場合は「1 〜 20mSv ／年の範囲の下方に（リンク 31：44）」設定するようにと勧告している。緊急時のレベルが適用されるのは、原発事故の後、汚染がどこまで広がり、また濃度がどこまで高まるか予測つかない状況のときだ。そして原発の爆発の危険が去り、高濃度のフォールアウトがなくなり、住民が帰宅できるような状況では平常のレベルが適用される。帰還が許されるということは、後者のカテゴリーになる。だが、日本政府は ICRP の勧告基準の中で最も高いレベルを選んだ。20mSv ／年では、原子力発電所などで働く作業員の年間平均被ばく線量限度（5 年間累計で 100mSv）と同じであり、高すぎる。特にそこで一緒に暮らしている年少者にとっては余りにも高い許容値で、健康への悪影響は計り知れない。

チェルノブイリ法では 1 〜 5mSv ／年の範囲で議論し、5mSv ／年以上を義務的避難基準として、1mSv ／年以上を自主的避難の基準と決めた。日本でもこのような選択肢があったはずだが、無視されてしまった。他にもチェルノブイリ法に加えてウクライナから学ぶべき点はたくさんあったはずだ。チェルノブイリに何度も足を運んだ専門家が委員会に属している上に、日本政府は 2012 年 2 月に視察団まで送り込んだ。しかしながら、「100mSv 以下では健康被害はない」という IAEA などの原子力推進派の見解を楯にとり、全く学ぼうとしない。

政府は帰還地域のレベルを 20mSv ／年からせめて 5mSv ／年に下げて帰還政策を進めるべきだった。実は民主党の野田内閣ではこ

の問題について議論があった。2013年5月25日付けの朝日新聞に
「福島の帰還基準／避難増を懸念し、強化見送り」という記事が掲
載された。その内容は

　　　当時の細野豪志原発担当大臣は、チェルノブイリ原発事故の際と
　　同様に、年間5ミリシーベルト超の汚染エリアを避難地区とするこ
　　とを主張した。しかし、この範囲が福島市や郡山市の一部にまで及
　　ぶことから、避難者が多くなりすぎ、さらに賠償額も膨らむために
　　政府部内で問題となり、最終的には、年間20ミリシーベルト超に
　　切り下げられたという。(沢野：182)

　沢野氏の推計によると、「5ミリシーベルトの場合は約45万人、
20ミリシーベルトの場合は、15万人程度（同上：182)」となるそ
うだ。つまり、政府は45万人の避難対策にかかる費用に恐れをなし
て、人びとの健康を犠牲にする決定を下したのだ。人命軽視もは
なはだしい。
　20mSv／年という高い帰還許容基準値では、帰還した住民の健康
被害が見込まれる。そのため福島市や郡山市など線量が高い地域
（現在の線量値ではなく、2011年に遡って実効線量値1mSv／年以
上の汚染地域）に住んでいる200万人以上の人々にも長期にわたる
綿密な放射線計測体制と医療体制の確立が絶対必要である。
　健康上の問題に限らず、放射線被ばく問題は、被災者から故郷を
奪った上に家族離散、世代間離散、そして職業放棄、職場喪失、風
評被害など一人一人の人生に暗い影を長期にわたって投げかけてい
る。さらに放射能被ばく者には「フラッシュ・フォワード」という
心理的現象もある。「強いトラウマ体験によって過去を思い出す
『フラッシュ・バック』ではなく、将来への不安やおそれによるス

トレス状態をさす（木村：192）」。このストレス状態はこれから何年も、あるいは何十年も続くだろう。子どもが生まれる時などに特に強く現れるだろう。すでに福島県では関連死が2,000人弱にも及んでいる。

Ⅶ. 2. 帰還政策はすでに破綻している

　被災した人だけではなく、多くの国民が日本の政府を信頼していない。「日本の原発は安全だ」という全く根拠のない「日本人論」的な安全神話の上に長年あぐらをかき、批判を抑えてきたが、原発事故で政府の信頼は地に墜ちた。その後の対応もミスが多かった上に、事実に反して福島第一原発事故の収束を宣言した。極め付きは東京オリンピック応募の際における安倍首相のアンダー・コントロール宣言である。公衆被ばくに対処する規範として評価されているチェルノブイリ法でも5mSv／年が自主的避難の上限値として設定されている。そこから4倍もの実効線量（20mSv／年）を許容値としている帰還政策では、住民の方が信頼しないのも当然である。さらに先ほど見たように行政サイドによる意図的な放射線量数値の操作が15％であっても、被災地の住民の方々の不信感をますます強めるばかりであろう。その上住民の不安を除くためと称してリスクマネージメントなる説明会を催している。真剣にリスクマネージメントを行うなら、まず帰還基準を20mSv／年から1mSv／年にまで下げるべきだ。段階的にせめて5mSv／年にすべきだ。

　政府は福島復興と銘打って多額の予算をつぎ込み、除染さらに帰還政策を強硬に進めているが、将来の見込みは非常に危うい。というのは、帰還された方々には子どもを抱えた家族の数が非常に少ないからだ。子どもたちの少ない村とか町は初めから限界集落的な様

相を呈しているといってもいい過ぎではない。さらに飯舘村のように、避難生活が4年も過ぎてしまうと、現在進められている除染作業がある程度成功したとしても、戻る村民は少なくなる一方であろう。すでに避難先で新しい人生に踏み切った人も多いだろう。政府がやっきとなって安全だと宣言しても、除染後も年間空間線量率が数ミリシーベルトと高いようでは、子供がいる家族は子どもの将来を考えたら戻れない。戻るのは高齢者が中心になってしまう。子どもが少ない村や町に未来はない。今中氏は「原発で大事故がおきると、まわりの村や町がなくなり、地域社会が消滅する（リンク8）」と言っている。つい最近福島第一を囲む5つの町と村が人口ゼロになり、地図から消えるかもしれないという報道がなされたが、すでに地域消滅は具体的な姿を現し始めた。

飯舘村：人の住んでいない家

VIII

これからどうすべきか

VIII. 1. 小状況

　自分が汚染地域に住んでいたら、どうしただろうと考えるときがある。避難すべきか、住み続けるべきかの決断に迫られるだろう。決断の前にまず放射能汚染の現実を受けいれなければならない。酒に溺れるかもしれない。自殺も選択の一つになりかねない。子どもがいたら、避難に傾くだろう。しかしパートナーはどう考えるか、避難しても仕事があるのか、子どもの転校はうまくいくのか。泥縄式に放射能について勉強する。そしてチェルノブイリの状況なども調べた結果、年間汚染が5mSv以上なら、避難する方向で決断するだろう。一時的なのか、長期なのか。家族を避難させ、単身残るのか。これらを経て、住み続けると決断したら、次のように生きたい。

　自分が住んでいる地域で仲間を募り、空間線量率を定期的に測る体制を組織する。地域の汚染地図を作る。除染は行政に働きかけ、あるいは巻き込んで、一緒に実行する。食品の汚染もきちんと調べ、汚染された食べ物は口にしないネットワークを作る。定期的にWBCで内部被ばくのセシウム量をコントロールする。仲間内で定期的に集まって子どもたちも含めて勉強会を催し、また不安やストレスをできるだけ溜め込まないようにオープンに話ができる会を組

織する。原子力反対運動に参加し、世界中の仲間と連帯しながら、地元では再生可能エネルギーを生み出して生活する。このようにすれば被ばくと向き合い、長い闘いが続けられるだろう。その意味で二本松市に生活の拠点を移して住民の方と一緒に闘っている木村真三氏の生き方は模範になる（参照：木村：74～109）。

　内部被ばくの恐ろしさを訴え続けている矢ケ崎克馬氏が、フクシマ以降の状況に我々はどのように立ち向かうべきかで、次のように提言しているが、筆者にとって非常に納得のいく提言である。

　　　この時代を生きていくうえでの私の提言は「怒りを胸に、楽天性を保って最大防護を」です。〈…〉私たちはもはや「汚染される覚悟」が必要です。しかし、悲観して恐怖のうちに汚染を待つのはよしましょう。この怒りを胸にしっかり収めて、開き直って、楽天的に、知恵を出し、最大防護を尽くしつつ、やるべきことをすべてやるのです。（矢ケ崎『内部被曝』：56）

　筆者が付け加えるとしたら、放射能の恐ろしさと実体をできるだけきちんと把握し、やるべきことをしていきたい。放射能の怖さを正確に伝えることは大変重要であるが、強調し過ぎて闇雲に恐怖心を煽ることはしたくない。だが、その境界線をどこに引くかを決めることは非常に困難である。

　個人的に福島県の復興を支援すべきかどうかで迷っていた。政府の帰還及び復興政策を支援する気は毛頭ない。だが、福島県には浜通りから県内陸部に避難した方、自主避難の方、まだ低線量とはいえ、汚染された地域で200万人にも及ぶたくさんの方が生活している。汚染地域で頑張っている方々のためになることなら、行政とも協力しながらでも支援すべきだと思うようになった。だが、その境

VIII これからどうすべきか 113

界線が明確でない場合もある。福島県の皆さんと話し合って、ケースバイケースで決めていくしかないだろう。

VIII. 2. 大状況

　何十万、いや何百万人もの人の生活に大きな不幸をもたらした原発事故を絶対に繰り返さないようにするために、全世界で原発（もちろん原爆も）はできるだけ早く撤廃すべきだ。ドイツは 1 万キロメートルも離れた福島第一の事故を真剣に受け取り、2022 年をもって全ての原発から撤退することを決定し、その先例になった（参照：参考資料 6）。撤廃できたとしても、最終処分なども含めて人類は何万年も付き合わなければならない羽目に陥っている。核分裂の災いは、1938 年にベルリンでリーゼ・マイトナーとオット・ハーンが核分裂を発見して以来、ヒトラー・ドイツへの恐怖心からの原爆製造、冷戦時代の核兵器開発競争、さらに平和利用と称する核エネルギー時代を経て、我々人類の頭上にダモクレスの剣のようにぶら下がっている。

　膝元の日本では原発をできるだけ早く撤廃し、核燃料サイクルを含む原子力産業に終止符を打つのが目標だ。原子力の事故には「想定外」は成り立たない。一度事故を起こすと、広範囲で甚大な被害が人々に襲いかかってくる。その被害は 100 年、あるいはもっと長期に及ぶ。そして当事者国だけの汚染では終わらないのである。チェルノブイリ事故の影響を調べたはずの日本の原子力関係者はそこから全く学ぼうとせずに、安全神話を掲げて、大事故を引き起こした。そして「のど元を過ぎれば」、の格言通りに過ちを繰り返そうとしている。

　2015 年の 6 月に発表された政府の 2030 年の「エネルギーミック

ス」では、原子力を 20 ～ 22％、再生可能エネルギーを 22 ～ 24％としている。余りにも原子力の割合が多い。百歩、あるいは千歩譲って、原子力の再登場を認めるとしても、せいぜい 15％が上限であろう。現在再稼働申請中の全ての原発を再稼働させたとしても、15％以上にはならない。さらに上乗せさせるには、原発の新設か稼働期間 40 年近い古い原発の 20 年延長しかない。新しい原発建設は民間企業ではとても資金的に無理であろう。一基 5,000 億円以上もかかる上に完成までの時間がかかる。完成したら、要らないといわれるかもしれない。誰が原発に資金を提供するのだ。英国で建設予定のヒンクリー・ポイント原発は民間では資金が集まらず、政府及び EU に泣きついてきた。もう一つの可能性である老巧原発の稼働期間 20 年延長だが、これは大変危険なことである。放射能による圧力容器の金属疲労、老化による冷却管のひび割れなどのリスクが倍加してくる。それに地震が起きたら、第 2 のフクシマが起きる。そして 2011 年の事故では幸いに「神の御加護（菅：36）」に恵まれたが、次は神様もあきれて日本人を見捨てるだろう。

　ソ連邦崩壊の最後の一押しをしたのは、チェルノブイリ事故であったと、今回のベラルーシ訪問中にチェルノブイリ被害者支援に携わってきた人から聞いた。日本の保守政経体制にとっても核燃料サイクルを含む原子力問題はこのまま続ければ最終的に命取りになるかもしれない。次の大地震が来なくても、社会的、経済的、政治的にボデーブローのように効いてくるだろう（参照：小熊：53）。

　だが、それを待っていたのでは我々の目の黒いうちに撤廃は実現しないであろう。できるだけ早く国民の反対の意見をまとめて政治の場で有効な力として生かさなければならない。それと何度も繰り返すが、緊急の課題として被災者支援、特に子どもたちの被ばくを軽減する活動の輪を広げなければならない。

IX

参考資料

1) ドイツ連邦放射線防護庁の一般住民に対する対処線量ガイドライン

対　処	等価線量	実効線量	対処時間と被ばく内容
屋内退避		10mSv	7日間における被ばく量および同期間内における口径被ばくの実効線量
薬剤予防投与	18歳以下の子供および妊娠中の女性50mSv、18歳から45歳まで250mSvの甲状腺への放射性ヨードによる予測される被曝に対してのみ。		7日間における被ばく量および同期間内における口径被ばくの等価線量
避難先への一時的移住		30mSv	1か月間におけるフォールアウト後の汚染による実効線量
住民の定住地への移住		100mSv	1年間におけるフォールアウト後の汚染による実効線量

出典：SSK（ドイツ連邦放射線防護庁ガイドライン）2009年版：（リンク44：30）

2）米国における一般住民への対応ガイドライン

対　　処	等価線量	実効線量	対処時間と被ばく内容
屋内退避または避難		10mSv 〜 50mSv	被曝予測値が 10mSv 以上の地域から避難開始、それ以下の予測線量の場合でも可能であれば避難。
薬剤予防投与	50mSv		これは子供の甲状腺への放射性ヨードによる予測される被曝に対してのみ。
避難先の住民の定住地への移住		20mSv	初年度は年間 20mSv[a]、以降の年は 5mSv[a]
食料摂取制限および禁止		5mSv	初年度における累計被曝量、または各器官への個別の等価線量では 50mSv のいずれか制限が早い方を適用。
飲料水禁止		5mSv	初年度の予想被曝限度

出典：ウィキペディア（放射能汚染対策）：（リンク 45）

3）災害復旧作業者のガイドライン（ドイツ）

総合被曝量上限	作業内容	条　　件
<6mSv	警察官	一年間で
<15mSv	消防士	一年間で
<50mSv	全ての職業（作業）被曝	あらゆる可能な被ばく低減措置をとること。
<100mSv	公共の利益に関わる重要な資産を守る為の作業	一年に一度。作業者は被ばくのリスクを理解していること。防護マスクなどの全ての防護装備を着用すること。線量モニターを携帯すること。
<250mSv	人命または多数の住民を守る為の活動	一生に一度。
<1Sv	人命に関わる緊急事態	実効線量をできるだけ超えないようにすること

出典：SSK（ドイツ連邦放射線防護庁ガイドライン）2009 年版：（リンク 44：36）

4) 災害復旧作業者のガイドライン（米国）

総合被曝量上限	作業内容	条　件
<50mSv	全ての職業（作業）被曝	あらゆる可能な被曝低減措置をとること。
<100mSv	公共の利益に関わる重要な資産を守る為の作業	作業者は被曝のリスクを完全に理解していること。 （例えばタバコは吸えない等） 50mSv 以上の被曝作業は任意であること。 防護マスクを含む全ての防護装備を着用すること。 線量モニターを携帯すること。
<250mSv	人命または多数の住民を守る為の活動	全ての低線量での条件を満たすこと。
<500mSv	人命に関わる緊急事態	全ての低線量の条件を満たすこと。 作業者は急性放射線障害のリスクも理解していること。

出典：ウィキペディア（放射能汚染対策）：（リンク 45）

5) 災害復旧作業者のガイドライン（日本）

総合被曝量上限	作業内容	条　件
<50mSv	全ての職業（作業）被曝	あらゆる可能な被曝低減措置をとること。
<100mSv	公共の利益に関わる重要な資産を守る為の作業	作業者は被曝のリスクを完全に理解していること。 （例えばタバコは吸えない等） 50mSv 以上の被曝作業は任意であること。 防護マスクを含む全ての防護装備を着用すること。 線量モニターを携帯すること。

出典：ウィキペディア（放射能汚染対策）：（リンク 45）

6) ドイツの脱原発について

　ドイツのメルケル首相による脱原発決定は日本では高く評価されている。特に脱原発を目指す人々の間では。だが、ひるがえって考えてみると、ドイツの脱原発はすでに2000年のシュレーダー（社民党）／フィッシャー（緑の党）政権が決めたことなのだ。具体的には原子炉一基の稼働期間が32年間と決められた。つまり，これに従えば2022年頃には全ての原発は停止になっていたのである。ところが、2008年に自由民主党との連立政権を組んだメルケル首相は2010年秋に32年に上乗せする形で平均12年間の稼働期間延長を決めてしまう。その半年後に起きたのが福島第一の原子炉の事故だった。事故直後様々な議論が出る中で、メルケル首相は強引ともいえる形で三か月後には2022年までの脱原発を決めてしまう。そして脱原発の先陣を切ったメルケル首相とドイツは世界中から高い評価を受けている。

　ところが、ドイツの反原子力エネルギー反対運動に積極的に参加している人々の間ではそれほど評価されていない。彼らは即脱原発を目指していたからだ。一日も早く原子炉のスイッチを切り、廃炉への道を歩むように今でも要求している。振り返ってみてみよう。

　2011年6月30日、つまり福島第一原発事故の3か月半後にドイツ連邦議会（議席数630名）では513名の議員が11年後、つまり2022年までに段階的に全ての原発の運転を止める決議に賛成した。79名が反対し、8名が棄権した。左翼党は2014年までの脱原発を要求した。緑の党は議会での投票前に、メルケル首相の2022年までの脱原発案に賛成するかどうかを決めるために特別党大会を開いた。その時緑の党の青年部は2017年までの撤退を要求したが、党執行部は2022年案、つまりメルケル首相案への賛成を提案し、多数を得た。院外で反原発運動を進めるグループの多くは2022年よ

りも早い段階の原子力エネルギーからの撤退を要求し、今でも要求している。彼らは、2022 年の脱原発決議は政治の世界における典型的な妥協の産物であり、緑の党の賛成は一種の裏切りと受け取った。原理的な要求と現実的な妥協はいつでも相容れない性格のものであるようだ。

文献リスト（著者名：あいうえお順）——————

1）今中哲二：『低線量放射線被曝／チェルノブイリから福島へ』2012 年、岩波書店。

2）NHK スペシャル「メルトダウン」取材班：『メルトダウン　連鎖の真相』2013 年、講談社。

3）NHK スペシャル「メルトダウン」取材班：『福島第一原発 7 つの謎』2015 年、講談社。

4）小熊英二：『社会を変えるには』2015 年、講談社現代新書

5）核戦争防止国際医師会議ドイツ支部：『チェルノブイリ原発事故がもたらしたこれだけの人体被害』2012 年、合同出版

6）鎌仲ひとみ／肥田舜太郎：『内部被ばくの脅威』2005 年、筑摩書房。

7）菅直人：『東電福島原発事故　総理大臣として考えたこと』2012 年、幻冬舎新書

8）木村真三：『放射能汚染地図の今』2014 年、講談社

9）沢野伸浩：『本当に役に立つ「汚染地図」』2013 年、集英社新書。

10）白石草：『ルポ　チェルノブイリ　28 年目の子どもたち』2014 年、岩波ブックレット。

11）菅谷昭：『原発事故と甲状腺がん』2013 年、幻冬舎ルネッサンス新書。

12）スベトラーナ・アレクシエービッチ：『チェルノブイリの祈り』2011 年、岩波書店。

13）脱原発・新しいエネルギー政策を実現する会：『「原発事故子ども・被災者支援法」と「避難の権利」』Eシフト編、2014、合同出版。

14) 日経新聞：「福島の甲状腺検査、受診率低下」2015 年 3 月 30 日朝刊。

15) 馬場朝子／山内太郎：『低線量汚染地域からの報告』2012 年、NHK 出版。

16) バベンコ、ウラジミール：『自分と子どもを放射能から守るには』2011 年、世界文化社。

17) 日野行介：『県民健康管理調査の闇』2013 年、岩波書店。

18) 広河隆一：『チェルノブイリ報告』1991 年、岩波新書。

19) ふくもとまさお：『ドイツ・低線量被曝から 28 年／チェルノブイリはおわっていない』2014 年、言叢社。

20) ベラルーシ共和国非常事態省：『チェルノブイリ原発事故　ベラルーシ政府報告書』2013 年、産学社

21) ベルリン市民放射能測定所："Strahlentelex", Nr.676-677/29. Jahrgang, März 2015, Berlin

22) Homeyer, Burkhard："Den Kindern von Tschernobyl", (Hrg.), 2001, Münster

23) 松井英介：『見えない恐怖　放射線内部被曝』2011 年、旬報社。

24) 松崎道幸／沢田昭二／矢ケ崎克馬／島園進／山田耕作／生田兵治／満田夏花／小柴信子／田代真人：『福島への帰還を進める日本政府の 4 つの誤り』2014 年、旬報社。

25) 矢ケ崎克馬：「内部被曝」71 〜 92。市民と科学者の内部被曝問題研究会：『内部被曝からいのちを守る』2012 年、旬報社。

26) 矢ケ崎克馬：『内部被ばく』2012 年、岩波ブックレット。

27) ヤブロコフ、アレクセイ・Ｖ・／ネストレンコ、ヴァシリー・Ｂ・／ネストレンコ、アレクセイ・Ｖ・／プレオブラジェンスカヤ、ナタリア・Ｅ・：『チェルノブイリ被害の全貌』2013 年、岩波書店。

リンクのリスト

1）河野益近：「(1989) チェルノブイリ原発事故から 1000 日」京
大工学部原子核工学科技官
http://kohno.at.webry.info/201202/article_9.html

2）「相馬市の検査結果」
http://www.city.soma.fukushima.jp/housyasen/kenkou_
taisaku/WBC/PDF/WBC_20120902_.pdf

3）田崎晴明：「ヨウ素の被ばく（等価線量と実効線量の違い）」学
習院大学物理学教授
http://www.gakushuin.ac.jp/˜881791/ousha/details/thyroid.
html

4）ICRP：「国際放射線防護委員会の 2007 年勧告」Pub. 103, 2007
http://www.icrp.org/docs/P103_Japanese.pdf

5）田崎晴明：「やっかいな放射能と付き合って暮していくための
基礎知識」
http://www.gakushuin.ac.jp/˜881791/radbookbasic/
rbb20130117.pdf

6）田崎晴明：「セシウム 134 とセシウム 137」
http://www.gakushuin.ac.jp/˜881791/housha/details/
Cs137vs134.html

7）ウィキペディア：「チェルノブイリとの比較」
http://ja.wikipedia.org/wiki/%E3%83%81%E3%82%A7%E3%8
3%AB%E3%83%8E%E3%83%96%E3%82%A4%E3%83%AA%E
4%BA%8B%E6%95%85%E3%81%A8%E3%81%AE%E6%AF%
94%E8%BC%83

8）今中哲二：「チェルノブイリ事故：何がおきたのか」京都大学

原子炉工学科教授

http://www.rri.kyoto-u.ac.jp/NSRG/Chernobyl/kek07-1.pdf

9) 今中哲二／マツコ、ウラジミール・P・:「ベラルーシにおける法的取り組みと影響研究の概要」

http://www.rri.kyoto-u.ac.jp/NSRG/Chernobyl/saigai/Mtk95-J.html

10) ウィキペディア:「臓器の組織荷重係数」

http://ja.wikipedia.org/wiki/%E5%AE%9F%E5%8A%B9%E7%B7%9A%E9%87%8F

11) 「人口雨」

http://gigazine.net/news/20070423_chernobyl_silver_iodide/

12) 今中哲二:「チェルノブイリの汚染地図」

http://www.rri.kyoto-u.ac.jp/NSRG/Chernobyl/JHT/JH9606A.html

13) 中西準子:「福島原発の事実　冷静に評価を」　横浜国立大学名誉教授

http://homepage3.nifty.com/junko-nakanishi/150218%20kumanichi.pdf

14) 早川:「日本の放射能の汚染地図」群馬大学教授

http://www.kananet.com/fukushima-osenmap/fukushima-osenmap2.htm

15) 矢ケ崎克馬:「内部被ばくについての考察」。

http://www.cadu-jp.org/data/yagasaki-file01.pdf

16) 核戦争防止国際医師会議ドイツ支部:「ガン以外の健康障害」

http://www.ippnw.de/startseite/artikel/3f26764b8c/schilddruesenkrebs-in-fukushima-er.html

17) 佐賀原発訴訟団:「裁判準備書面」

http://no-genpatsu.main.jp/download/genkokujunbishomen16-2-1.pdf

18）ユーリ・シチェルバク：「チェルノブイリ：文明への警告」。
http://www.rri.kyoto-u.ac.jp/NSRG/tyt2004/scherbak.pdf

19）山下俊一
http://ja.wikipedia.org/wiki/%E5%B1%B1%E4%B8%8B%E4%BF%8A%E4%B8%80#cite_note-181

20）今中哲二：「チェルノブイリ原発周辺30km圏避難住民の被曝量の再検討」2007年
http://www.rri.kyoto-u.ac.jp/NSRG/Chernobyl/kek07-2.pdf

21）ウィキペディア：「ダーチャ」
http://ja.wikipedia.org/wiki/%E3%83%80%E3%83%BC%E3%83%81%E3%83%A3

22）ウィキペディア：「夏休みのキャンプ」
http://ja.wikipedia.org/wiki/%E3%83%80%E3%83%BC%E3%83%81%E3%83%A3

23）グリーンピース：「モニタリングポスト」
http://www.greenpeace.org/japan/Global/japan/pdf/20121023_Presentation.pdf

24）「飯舘村WBC検査結果」
http://www.vill.iitate.fukushima.jp/saigai/wp-content/uploads/2014/03/e77eb6e6fd457adb3654426cd542a7ec.pdf

25）北島理恵：「放射能汚染地域での活動を通じて」
http://www.rri.kyoto-u.ac.jp/NSRG/tyt2004/kitajima.pdf

26）UNSCEAR原子放射線の影響に関する国連科学委員会報告。2014年4月2日。
http://www.unscear.org/docs/reports/2013/14-02678_

Report_2013_MainText_JP.pdf

27) 溝口勝：「農地除染・山林測定・作物栽培などの試み」東京大学農学部教授

http://www.iai.ga.a.u-tokyo.ac.jp/mizo/edrp/fukushima/fsoil/mizo140326.pdf

28) 放射能モニタリングポストの実態調査 (2011 年 11 月 5 日)

http://www.acsir.org/info.php?24

29) 太平洋の放射能汚染状況

http://kaleido11.blog.fc2.com/blog-entry-2309.html

30) キール海洋研究所：「太平洋の放射能汚染状況」
（英語版）

http://environmentalresearchweb.org/cws/article/news/50176

（ドイツ語版）

http://www.geomar.de/de/service/kommunikation/singlepm/article/fukushima-wo-bleibt-das-radioaktive-wasser/

31) ICRP：「緊急時被ばく状況における人々の防護のための委員会勧告の適用」Pub. 109, 2009

http://www.icrp.org/docs/P109_Japanese.pdf

32)「チェルノブイリ子ども基金（広河隆一）」

http://homepage2.nifty.com/chernobyl_children/intro.tml

33)「セシウム 137 の体内蓄積量、循環器症状、チェルノブイリの児童の食物源との相互関係」

http://www.ayurvedasociety.com/SMW_DrBandazhevskaya_jp.pdf

34) 朝日新聞：「原発作業員の白血病の労災認定基準」2013 年 8 月

5日。

http://www.asahi.com/special/news/articles/
TKY201308040236.html

35) 放射線影響研究所：「バックグラウンド放射線」

http://www.rerf.or.jp/glossary/backgrou.htm

36) ウクライナ政府（緊急事態省）：『チェルノブイリ事故から25
年 "Safety for the Future"』報告書

http://archives.shiminkagaku.org/archives/
csijnewsletter_010_ukuraine_01.pdf

37) 「福島県のWBCによる内部被ばく検査／検査の結果について」

https://www.pref.fukushima.lg.jp/sec/21045b/wbc-kensa-
kekka.html

38) 田中：「太平洋へのフォールアウト」

http://www.fullchin.jp/f/spe/12/12.html

39) ベルリンの放射線防護協会

http://blog.goo.ne.jp/harumi-s_2005/e/79a28f5179a1c8d81979
ce33b1d2e4e9

40) 「文科省のモニタリングポストの放射線量値操作問題」

http://www.acsir.org/info.php?24

41) 田崎晴明：「放射線の強さは距離の2乗に反比例する」

http://www.gakushuin.ac.jp/~881791/housha/details/InvSq.
html

42) 千代田テクノル（株）

http://www.c-technol.co.jp/archives/1038

43) 「福島県のガラスバッジ集計（2012年と2013年）」

http://www.niph.go.jp/soshiki/09seikatsu/EMA/
radiation/2014comm/doc/text/ver3/11.pdf

44) 「ドイツ連邦放射線防護庁ガイドライン　2009年版（ドイツ語）」

"Berichte der Strahlenschutzkommission (SSK) des Bundesministerium für Umwelt, Naturschutz und Reaktorsicherheit", Heft 61 (2009).

http://www.ssk.de/SharedDocs/Veroeffentlichungen_PDF/BerichtederSSK/heft61.pdf?__blob=publicationFile

45) ウィキペディア：「放射能汚染対策」

http://ja.wikipedia.org/wiki/%E6%94%BE%E5%B0%84%E8%83%BD%E6%B1%9A%E6%9F%93%E5%AF%BE%E7%AD%96

46) 「欧州女性賞」

http://www.netzwerk-ebd.de/aktivitaeten/preis-frauen-europas/preistraegerinnen/gruschewaja/

47) 小出裕章：「福島事故による汚染」

http://ameblo.jp/m08068469/entry-11984267075.html

48) 河北新報：「福島の森林の空間線量6割減」

http://www.kahoku.co.jp/tohokunews/201506/20150601_63012.html

49) 医療問題研究会：「福島の小児甲状腺がん増加はスクリーニング効果ではなく、放射線被曝による」

http://ebm-jp.com/2014/08/news-464-2014-4-p02/

50) 今中哲二：「チェルノブイリによる放射能災害　国際共同研究報告書」

http://www.rri.kyoto-u.ac.jp/NSRG/Chernobyl/J-Version.html

51) ボロディーミル・ティーヒ：「ウクライナにおける被災者の社会状況」

http://www.rri.kyoto-u.ac.jp/NSRG/Chernobyl/saigai/
Tykhyi-J.html

52) 原子力安全研究グループ：「チェルノブイリ事故」
http://www.rri.kyoto-u.ac.jp/NSRG/cher-1index.html

53) ケーニグスベルグ：「チェルノブイリ事故による内部被曝と防護対策の有効性」
http://www.rri.kyoto-u.ac.jp/NSRG/cher-1index.html

54) 今中哲二・小出裕章：「周辺 30km 圏内避難住民の外部被曝量の評価」
http://www.rri.kyoto-u.ac.jp/NSRG/cher-1index.html

55) 東洋経済：「セシウムによる健康被害を解明した科学者が会見　心臓や甲状腺への蓄積を重視」
http://toyokeizai.net/articles/-/8864

56) ウィキペディア：「ヨウ素 131」
[a:https://ja.wikipedia.org/wiki/%E3%83%A8%E3%82%A6%E7%B4%A0131]https://ja.wikipedia.org/wiki/%E3%83%A8%E3%82%A6%E7%B4%A0131

57) 飛行機乗務員の放射能被ばく（ドイツ語）
„Piloten und Flugbegleiter kämpfen mit höher Dosis!", FAZ, 21.08.2015
http://www.faz.net/aktuell/gesellschaft/gesundheit/strahlungsbelastung-in-flugzeugen-piloten-und-flugbegleiter-kaempfen-mit-hoher-dosis-11112616.html

58) グリーンピース・放射能測定室・シルベク
http://www.greenpeace.org/japan/ja/campaign/monitoring/

59) 哲野イサク：「参考資料：朝日新聞主催シンポジウム『食品の基準値どう見る』」

http://www.inaco.co.jp/isaac/shiryo/hiroshima_nagasaki/
fukushima/09.html

60) ウィキペディア：「ユーリ・バンダジェフスキー」

https://ja.wikipedia.org/wiki/%E3%83%A6%E3%83%BC%E3
%83%AA%E3%83%BB%E3%83%90%E3%83%B3%E3%83%80
%E3%82%B8%E3%82%A7%E3%83%95%E3%82%B9%E3%82%
AD%E3%83%BC

61) 「ペクチン剤は効果あるの」（ベルリン @ 対話工房）

http://www.taiwakobo.de/neu/strahlen/2013/pektin.htm

62) 「EU と日本の食品放射能汚染制限値」

http://www.taiwakobo.de/neu/strahlen/downloads/risikokal_
jp.pdf

63) 「ウクライナ KGB 文書抜粋」

http://www.rri.kyoto-u.ac.jp/NSRG/tyt2004/annex-3.pdf

64) 「信州放射能ラボ BLOG」

http://imeasure.cocolog-nifty.com/isotope/2012/05/425-
bqkg-svh-81.html

65) 「ペトカウ効果」

https://ja.wikipedia.org/wiki/%E3%83%9A%E3%83%88%E3%
82%AB%E3%82%A6%E5%8A%B9%E6%9E%9C

66) 「国際放射線防護委員会 (ICRP) の一般人の被ばく許容線量 1 ミ
リシーベルトを守るには」

http://www.radiationexposuresociety.com/446-2

67) 「日本の新基準値とウクライナ・ベラルーシの許容制限値、そ
して現行理想的な制限値」

http://www.inaco.co.jp/isaac/shiryo/hiroshima_nagasaki/
fukushima/09.html

68）「グリーンピース・福島市の空間線量率・2011 年 8 月 18 日」
http://www.greenpeace.org/japan/Global/japan/
pdf/20110829_data.pdf

69）「グリーンピース・福島市の空間線量率・2015 年 10 月 25 日」
http://www.greenpeace.org/japan/ja/campaign/
monitoring/25th/

70）「UNSCEAR と WHO の報告書について」
[a:http://www.foejapan.org/energy/evt/pdf/150107_3_
segawa.pdf]http://www.foejapan.org/energy/evt/
pdf/150107_3_segawa.pdf

あとがき

　拙稿がある程度まとまった段階で、反原発運動の仲間たちに読んでもらったところ、評判がよくなかった。フクシマの被害がチェルノブイリに比べて少ないだろうという結論が気に入らなかったみたいだ。「敵に塩を送るようなものだ」、あるいは「福島の汚染地域で生活している人に被害が少ないというのは無神経だ」というような批判があった。少数だったが、福島在住の方から「ほっとした」という意見も寄せられた。

　拙稿執筆の最中に内部被ばくの重要性について認識を改めた。チェルノブイリ被害においては外部被ばくもさることながら、内部被ばくが健康被害において決定的な要因だったのは確かだろう。フクシマではその辺の考えがまだ統一されていないように見える。つまりフクシマでは空間線量率に捕われすぎているように思われる。

　それと放射能被ばくについて話したときに何度も経験したことだが、放射能はただ単に怖いという感覚だけで議論している人が多いように思える。振り返れば筆者もそんな一人だった。低線量被ばくがあるかぎり、「放射能は怖い」はもちろん正しいのだが、そのような人に福島の線量値が下がってきたとか、魚の汚染は非常に減ってきていると言うと、政府の回し者のように見られてしまう。被害が大きい方が反対運動がやりやすいのかと、勘繰ってしまう。この汚染時代を生きていくには放射能への理解を深め、チェルノブイリやフクシマの状況をきちんとフォローすることは大事だと思う。そうしないと放射能問題は、被害者の方々の頭上を通り越して、信じるか信じないかのイデオロギーになってしまう恐れがある。

　本文でも述べたが、チェルノブイリとフクシマを同列において比

べるのは無理だというのが結論である。フクシマはフクシマで甚大な被害である。首都圏が住めなくなるかも知れなかったほどの大事故にもかかわらず日本の首脳部は目先の利益に目がくらんで、原発をこれから何十年も使い続けようとしている。そして政府と東電は事故の被害者に対して責任のがれをしようと様々なところで工作している。特に子どもたちの被ばく問題に関しては全く無責任極まりない態度を取っている。そこをしっかりと捉えて反対運動に参加していきたい。それと拙著が放射能被ばくについて現実的な議論を深める一助になれば望外の喜びである。

　最後に今回の出版を可能にしてくださった桜美林大学北東アジア総合研究所所長の川西重忠先生に厚くお礼を申し上げたい。それと何人もの友人が外国生活の長い筆者のつたない日本語の原稿に丁寧な直しを入れてくれたことに感謝したい。さらに辛抱強く校正に付き合って下さった印刷所の藤原さんに感謝の意を表したい。

福澤　啓臣

　ベルリンにて

2015 年 12 月 23 日

著者略歴

福澤啓臣（ふくざわひろおみ）

1967 年渡独
ベルリン自由大学卒業
同大学日本学科にて日本語、日本文学 、日本映画、経済日本語を教える
同大学で博士号を取得
2008 年に同大学・定年退職
かたわら日本文学（国際連詩など）およびベルリン映画祭を通じて日本映画の紹介に携わる。
2011 年より東日本大震災復興支援 NPO「絆・ベルリン」会長
　（www.kizuna-in-berlin.de）
現在反原発運動及び再生可能エネルギーの普及に取り組んでいる。

著書：
『社会科学概念の翻訳可能性／日本におけるマルクス主義概念の検討』（独語）
『サムライとお金』（独語）
『現代日本文学のポートレート』（共著、独語）
『現代日本企業』（共著：東大社研、有斐閣）

翻訳：
E．Wulf『精神医学の変革』（和訳、共訳、紀伊国屋書店）
加藤周一『日本文学史序説』（独訳、共訳）
河野多恵子『雪』（独訳）
『ファザーネン通りの縄梯子／ベルリン国際連詩』（共訳、岩波書店）

チェルノブイリ 30 年とフクシマ 5 年は比べられるか

2016 年 2 月 29 日　初版第 1 刷発行

著　者　福澤　啓臣
発行者　川西　重忠
発行所　桜美林大学北東アジア総合研究所
　　　　〒 151-0051　東京都渋谷区千駄ヶ谷 1-1-12
　　　　　　　　　　桜美林大学千駄ヶ谷キャンパス
　　　　Tel：03-5413-8912　　Fax：03-5413-8912
　　　　http://www.obirin.ac.jp/
　　　　E-mail：n-e-a@obirin.ac.jp
印刷所　藤原印刷株式会社

©2016 Printed in Japan　　　　　定価はカバーに表示してあります
ISBN978-4-904794-59-3 C0030 ￥1000E　　乱丁・落丁はお取り替え致します